I0403396

ŒUVRE

DE

PAUL DELAROCHE

ŒUVRE

DE

PAUL DELAROCHE

REPRODUIT EN PHOTOGRAPHIE

PAR BINGHAM

ACCOMPAGNÉ D'UNE

NOTICE SUR LA VIE ET LES OUVRAGES DE PAUL DELAROCHE

PAR HENRI DELABORDE

ET

DU CATALOGUE RAISONNÉ DE L'ŒUVRE

PAR JULES GODDÉ

PARIS

PUBLIÉ PAR GOUPIL ET Cᴵᴱ, ÉDITEURS

19 BOULEVARD MONTMARTRE, ET RUE CHAPTAL, 9

1858

PAUL DELAROCHE

La place que la mort de M. Delaroche a laissée vide dans l'école française était, — qui songerait à le nier? — une des plus importantes et des plus légitimement conquises. Quelles que soient d'ailleurs les inclinations de chacun, quelque prédilection que puissent inspirer des œuvres rivales, le nom de Paul Delaroche n'en demeure pas moins, dans la pensée de tous, associé aux noms qui honorent le plus l'art contemporain, et, qu'on l'inscrive ou non avant tel autre, personne à coup sûr ne lui marchandera le droit de figurer entre les premiers. Le peintre de *l'Hémicycle du palais des Beaux-arts* et de *la Mort du duc de Guise* a eu ce privilége de plaire à la foule en même temps qu'aux juges difficiles. Depuis l'époque de ses débuts jusqu'au dernier jour de sa vie, il a vu le succès lui venir de toutes parts et lui rester fidèle. Il n'a pas connu, comme Gros, son maître, comme Gérard, comme d'autres encore, ces cruels revirements de l'opinion qui dépossèdent, au profit de réputations nouvelles, les réputations dès longtemps consacrées : rare bonne fortune dans un siècle où la gloire s'use vite, où les enthousiasmes de la veille se changent le lendemain en indifférence, et quelquefois en outrages, où le talent enfin, s'il ne se transforme sans cesse, n'a plus à nos yeux qu'une valeur douteuse et un crédit suranné.

Pourquoi M. Delaroche a-t-il été excepté de la loi d'ingratitude ou d'oubli qui a successivement pesé sur les maîtres les plus éminents de l'école moderne? Comment a-t-il réussi pendant plus de trente années à fixer ainsi nos mobiles sympathies? La nature de son talent si aisément intelligible, le caractère dramatique des scènes représentées, peuvent jusqu'à un certain point expliquer cette longue popularité; mais il convient de l'attribuer surtout aux efforts du peintre pour faire mieux chaque jour, à un redoublement de sévérité envers lui-même à mesure qu'il se sentait plus approuvé par l'opinion, en un mot à cette probité d'artiste que rien ne saurait ni décourager, ni endormir, et dont on trouverait difficilement ailleurs un aussi noble exemple. Jamais homme moins que M. Delaroche ne se crut le droit de se reposer dans la célébrité et de s'accommoder en sûreté de conscience de la haute situation qu'il s'était faite; jamais volonté plus obstinée ne poursuivit le bien et le progrès. C'est cette constance infatigable, c'est ce zèle de l'art et de tous les devoirs qu'il impose qui méritent d'être honorés chez M. Delaroche autant au moins que la supériorité du talent. Tout en appréciant la valeur incontestable des œuvres qu'il a laissées, la critique peut faire ses réserves et ne pas approuver toujours les intentions pittoresques ou les formes choisies pour les traduire : en face d'un caractère si digne, d'une vie si loyalement remplie, les restrictions ne sauraient être de mise, et le respect absolu n'est que justice.

Paul ou plutôt Hippolyte Delaroche, — le nom sous lequel il est devenu célèbre n'étant qu'une sorte d'abréviation de celui qu'il avait reçu d'abord [1], — naquit à Paris le 17 juillet 1797. Sans être précisément issu d'une race d'artistes, il appartenait à une famille qui ne laissait pas de devoir aux arts et aux études qui s'y rattachent une certaine notabilité. Son père était l'un des experts en tableaux le plus habituellement consultés au commencement de ce siècle, et les catalogues de plusieurs collections importantes rédigés par lui témoignent de son goût et de ses connaissances spéciales. Son oncle maternel, M. Joly, conservateur du cabinet des estampes à la Bibliothèque et fils d'un homme qui a laissé dans l'exercice des mêmes fonctions les plus honorables souvenirs, représentait aussi par sa situation et les occupations de toute sa vie l'érudition en matière d'art. M. Delaroche se trouvait donc dès l'enfance entouré d'exemples et de traditions à peu près en rapport avec ses inclinations naturelles. M. Joly voulut d'abord l'attacher au département dont il avait la direction, espérant lui assurer plus tard la survivance qu'on lui avait autrefois ménagée à lui-même ; mais l'ambition du jeune homme était autre. Au lieu de se promettre dans l'avenir les paisibles succès d'un érudit, il rêvait déjà la gloire d'un peintre. Quand on lui parla de se vouer aux travaux qui ont pour objet l'histoire de l'art, il déclara nettement qu'il entendait exploiter le champ de l'invention pour son propre compte, et étudier ce qui avait été fait avant lui, non pour le commenter et le décrire, mais afin de créer à son tour.

On a dit de M. Delaroche qu'il avait eu à lutter d'abord contre ces difficultés matérielles auxquelles la jeunesse des artistes est si souvent condamnée, en un mot que ses premières années s'étaient écoulées dans la gêne. Certes, il eût été homme à subir courageusement des épreuves de cette sorte ; mais la vérité est qu'elles ne lui furent pas imposées. Bien que modiques, les ressources dont disposait sa famille épargnèrent du moins au jeune peintre le souci de pourvoir aux nécessités de la vie, et s'il rencontra quelques obstacles au début, ces obstacles, d'ailleurs momentanés, ne pouvaient inquiéter que son talent. Lorsque M. Delaroche fut en âge de commencer ses études d'artiste, son frère aîné, élève de David, aspirait à prendre rang parmi les peintres d'histoire. Le père des deux jeunes gens ne voulut pas qu'une rivalité trop directe s'établît entre eux, et il détermina son second fils à s'essayer dans un genre à

---

1. Les tableaux de M. Delaroche antérieurs à l'année 1827 portent tantôt l'initiale de ce prénom « Hippolyte, » tantôt cette signature « Delaroche jeune. » Nous ne notons le fait, assez peu important d'ailleurs, que pour prévenir toute méprise sur l'authenticité de ces toiles. Peut-être est-t-il plus nécessaire de signaler une erreur commise par les auteurs de la *Nouvelle Biographie universelle* et reproduite, depuis la mort du peintre, dans plusieurs articles de journaux. Il s'agit d'une *Nephtali dans le désert* « exposée au Salon de 1819, » où, dit-on, l'ouvrage « resta inaperçu. » Le contraire eût été difficile, M. Delaroche n'ayant jamais exposé ni même peint aucun tableau sur ce sujet.

part. Paul Delaroche étudia donc le paysage sous la direction de M. Watelet : il obtint même d'être admis au premier concours ouvert entre les paysagistes pour le grand prix (1817), concours à la suite duquel Michallon fut envoyé à Rome. Cependant, les considérations de famille auxquelles il avait dû obéir ne faisant plus obstacle à ses goûts[1], il lui fut permis de s'engager dans la route qu'il avait voulu suivre d'abord : il quitta l'atelier de M. Watelet, reçut pendant quelque temps les conseils d'un peintre oublié aujourd'hui, M. Desbordes, et passa ensuite quatre années dans l'atelier de Gros, où il eut successivement pour condisciples Charlet, Bonington, Roqueplan, M. Bellangé, M. Roger, M. Eugène Lami, qui devait être jusqu'au bout le témoin le plus familier de ses travaux et le fidèle compagnon de sa vie.

Bien que M. Delaroche soit entré de très-bonne heure dans la carrière et que sa vocation n'ait été que passagèrement entravée, il ne se révéla pourtant qu'assez tard et dans un ouvrage au fond médiocrement conforme aux inclinations de son esprit. Il avait vingt-cinq ans lorsqu'il exposa au Salon de 1822 *Josabeth sauvant Joas*, tableau non sans mérite dans quelques parties, mais dont le style, à la fois emphatique et timide, accusait un talent qui se cherche encore et s'exagère à lui-même ses ambitions et ses méfiances. Dans l'école de Gros, M. Delaroche avait puisé de gré ou de force un certain goût pour cette manière trop souvent fastueuse que le maître popularisait par ses exemples, et qui est à peu près à la vraie grandeur pittoresque ce que l'ordre colossal est aux ordres de l'architecture classique. D'autre part, le souvenir de ses premiers essais dans une voie toute différente, un reste d'habitudes timides gênaient le sentiment et la main du jeune peintre et contrariaient sourdement ses aspirations. De là cette insuffisance dans l'exécution, de là aussi ces excès d'expression qu'il est juste de reprocher au tableau de *Josabeth*, et que ne sauraient racheter quelques efforts çà et là heureux, quelques intentions dramatiques.

Si incomplète que fût la première œuvre publique de M. Delaroche, elle ne laissait pas toutefois de mériter l'attention par une mise en scène assez habile et une certaine nouveauté dans l'effet général; elle constatait surtout, aux yeux des condisciples et des amis du jeune peintre, un progrès que de récentes tentatives ne permettaient guère de pressentir. Lorsqu'on rapproche aujourd'hui de la *Josabeth* deux tableaux que la famille de M. Delaroche a conservés et qu'il peignit peu de temps avant d'essayer ses forces sur une grande toile[2], on comprend d'autant mieux le succès qu'il obtint au Salon de 1822, et l'espèce de surprise que dut causer un pareil début à ceux qui avaient été témoins jusque-là d'erreurs beaucoup plus graves. C'est au reste le caractère propre et l'honneur de ce talent d'avoir toujours tenu au delà de ses promesses; ce sont ces manifestations progressives du savoir et de la volonté qui déterminent sa physionomie à part et sa valeur. Si heureusement doué qu'il nous paraisse, M. Delaroche n'était pas un de ces artistes tout à fait d'instinct, une de ces organisations privilégiées auxquelles la puissance a été donnée comme une faculté originelle, et, pour ainsi dire, comme une

1. M. Delaroche aîné ne renonça définitivement à la peinture qu'un peu plus tard; mais, dès cette époque, il cherchait à se créer une situation en dehors des arts. Toute liberté d'action fut rendue alors au paysagiste qui devenait, au moins dans un avenir prochain, le seul peintre de la famille.

2. *Le Tasse en prison visité par Montaigne, Salmacis et Hermaphrodite.*

condition de tempérament. Esprit élevé, mais ouvert à tous les scrupules, imagination délicate plutôt que passionnée, il avait besoin, pour se développer à souhait, de temps, de réflexion et de patience. Il lui fallait aussi le loisir de consulter l'opinion, de se rendre compte des besoins actuels, du mouvement d'idées qui commençait alors à se produire, et qu'il lui appartenait moins de dominer en maître souverain que de comprendre et de diriger en homme profondément habile. Que l'on ne s'exagère pas cependant l'espèce de soumission avec laquelle M. Delaroche acceptait l'influence des faits extérieurs. S'il semble juste de constater pendant la première moitié de sa vie une certaine docilité relative, quelque propension à s'informer de près des goûts de son époque, — sauf à ne les subir aveuglément en aucun cas, — il est tout aussi juste de rendre hommage à l'indépendance du sentiment qui inspira ses œuvres dernières. On verra plus loin au prix de quels efforts et de quelles épreuves il acheta cette maturité d'âme pour ainsi dire, cette certitude dans la connaissance de soi et dans l'expression de sa pensée. Le moment n'est pas venu de montrer M. Delaroche en pleine possession de lui-même : notre tâche se borne, quant à présent, à rappeler les origines de son talent, à en indiquer les caractères un peu complexes jusqu'au jour où ce talent, assez expérimenté pour devenir instinctif, ne relèvera plus que de l'inspiration personnelle.

Tandis que M. Delaroche en était donc à hésiter encore et à s'interroger sur ses aptitudes, M. Delacroix, plus jeune que lui de quelques années, donnait du premier coup sa mesure dans une œuvre qui est restée célèbre. A ce même Salon de 1822, où figuraient comme par le passé bien des toiles académiques, bien des contrefaçons du style inauguré quarante ans auparavant par David, le tableau de *Dante et Virgile* semblait ouvrir une ère nouvelle et introduire dans l'école française l'esprit d'indépendance et d'aventure. Choix du sujet, violence d'exécution et d'effet, tout attestait ici l'ardeur de la révolte, tout avait le caractère d'un défi, et d'un défi victorieux, jeté aux continuateurs de la vieille méthode. Cet acte éclatant d'audace encouragea les secrets désirs de M. Delaroche. Il ne songea pas à engager la lutte avec M. Delacroix sur son propre terrain, mais il comprit que le temps était venu pour tous de s'affranchir impunément du joug classique, que le succès même ne pouvait s'obtenir qu'à ce prix, et qu'il fallait, sous peine de se voir reléguer parmi les disciples d'un art suranné, poursuivre ouvertement, chacun dans sa voie, l'idéal nouveau dont un côté venait d'être révélé. Ajoutons que les conseils affectueux du plus puissant des novateurs d'alors achevèrent de persuader cette intelligence, à demi convaincue déjà. Géricault, avant même de connaître personnellement le peintre de *Josabeth*, s'était intéressé à son œuvre, et une occasion fortuite ayant mis en rapport le maître et le jeune artiste, il en résulta bientôt entre eux une amitié dont M. Delaroche devait garder pieusement le souvenir, et dont il parlait encore aux derniers jours de sa vie avec toute l'émotion de la reconnaissance.

Peu après l'ouverture de l'exposition, M. Delaroche, suivant la coutume des débutants, rôdait un matin dans la salle où l'on avait placé son tableau, guettant sur le visage des visiteurs un témoignage d'impression favorable, et tâchant de surprendre au passage quelque parole d'encouragement. Près de lui, deux hommes causaient en juges experts du mérite ou des défauts qu'offraient les toiles exposées. L'un des deux était Géricault, que son *Radeau de la Méduse* avait, depuis trois ans, placé haut dans l'estime publique, et qui, aux yeux des jeunes peintres, représentait avec plus d'autorité que personne les tendances et la foi de l'école moderne. On devine les anxiétés de M. Delaroche quand son tour vint d'être jugé, et le bonheur qu'il ressentit en entendant quelques éloges à son adresse, quelques mots d'approbation sur son ouvrage : éloges d'autant plus sincères qu'ils ne parvenaient en apparence qu'à des oreilles désintéressées. Il n'osa pas se trahir, mais le lendemain il cherchait un introducteur auprès de Géricault; il réussissait à se faire présenter au maître qui l'avait, sans s'en douter, directement encouragé, et de qui il attendait de nouveaux avis. Géricault avait dans le caractère autant de bienveillance et de douceur qu'il déployait d'âpre énergie dans ses travaux : il se montra touché de la démarche du jeune homme. Au lieu de trancher avec lui du professeur, il voulut n'être que son aîné dans la carrière, et, bien loin de l'enchaîner aux intérêts de sa propre cause, il n'épargna rien pour l'émanciper. On ne supposerait guère que la pensée ingénieuse, le goût correct de M. Delaroche, ont commencé à se dégager sous l'influence de Géricault, et que les conseils du fougueux peintre de la *Méduse* ont été pour quelque chose dans l'exécution élégante, mais un peu froide, de tableaux comme *Jeanne d'Arc en prison* et *Saint Vincent de Paul prêchant pour les enfants abandonnés.*

Lorsque ces deux toiles parurent au Salon de 1824, elles y furent accueillies comme une sorte de tempérament entre les témérités de la nouvelle école et les doctrines immobiles de l'école qui s'intitulait classique. Depuis deux ans, la révolution avait marché de façon à donner fort à penser aux hommes qui avaient cru d'abord ne saluer en elle qu'un progrès légitime et limité dans ses conséquences : elle ne se trahissait plus aujourd'hui par des symptômes ; elle s'affichait partout et plantait hardiment son drapeau en face des puissants de la veille. M. Delacroix achevait de décider le mouvement en exposant son *Massacre de Scio;* M. Scheffer, bien loin alors de la manière réservée qu'il devait adopter plus tard, avait envoyé au salon sa *Mort de Gaston de Foix,* M. Sigalon sa *Locuste ;* M. Champmartin et quelques autres révolutionnaires en sous-ordre secondaient l'action des chefs et propageaient leurs principes. Il y avait là de quoi mettre en émoi les intelligences timorées. Bien des gens qui se fussent contentés d'une réforme s'effrayèrent de ce radicalisme sans merci. Entre les apôtres de la régénération à outrance et les défenseurs obstinés du passé, un troisième parti se forma, celui des modérés, et, comme il arrive toujours en temps de révolution, ce parti se trouva bientôt, sinon le plus entreprenant et le plus actif, du moins le plus nombreux. M. Delaroche, par la nature de son talent et le caractère mixte de ses ouvrages, résumait à merveille ces aspirations moyennes, cet esprit de mesure dans les innovations qui animait alors la majorité. Girondin de l'art en quelque sorte, il s'était assez compromis déjà auprès des survivants de l'ancien régime pour ne pas être suspect de complicité avec eux, et d'un autre côté il ne craignait pas de protester contre les emportements de ceux qui voulaient tout renouveler de fond en comble. De là le succès qu'obtinrent la *Jeanne d'Arc, Saint Vincent de Paul* et les autres tableaux que M. Delaroche fit paraître à la même époque : succès véritable, mais auquel les dispositions du moment eurent peut-être autant de part que les qualités mêmes des œuvres. Aujourd'hui l'on serait plus sévère. Depuis que les conditions de la peinture anecdotique ont été mieux définies, depuis que les travaux de M. Delaroche lui-même nous ont rendu familières les études et la vérité historiques, il semble difficile, en examinant la *Jeanne d'Arc*, *Saint Vincent de Paul* et surtout *Filippo Lippi*, d'accepter avec aussi peu de scrupules que nos devanciers, certaines intentions médiocrement conformes à l'esprit des époques et des sujets.

Cependant, à n'envisager les tableaux que nous venons de mentionner qu'au point de vue pittoresque, ils révèlent déjà dans la manière de M. Delaroche un perfectionnement sérieux. Le *Saint Vincent de Paul* en particulier mérite d'être considéré comme un témoignage des progrès accomplis et un gage des progrès qui vont suivre. Quelques années encore, et ce style, déjà près de la netteté, achèvera de s'affermir, ces tâtonnements du goût se résoudront en intentions tout à fait significatives ; en un mot, la *Mort du président Duranti* viendra déterminer la manière incomplétement inaugurée dans *Jeanne d'Arc*, et le charmant tableau qui représente *Miss Macdonald apportant des secours au dernier prétendant* mettra en pleine lumière les qualités d'un talent mieux approprié à l'analyse des faits et aux interprétations ingénieuses qu'aux vastes entreprises de l'imagination.

La *Mort du président Duranti* est un ouvrage exempt de cette affectation théâtrale, de ces faux semblants de grandeur que, vers la fin du siècle dernier et au commencement de celui-ci, les peintres français jugeaient de mise dans la reproduction de toute scène historique. Nous ne parlons pas des sujets empruntés à l'antiquité. On sait de reste quels immuables principes régissaient la composition d'un tableau où devaient figurer les héros de la Grèce ou de Rome ; mais là même où il s'agissait de retracer quelque fait de l'histoire nationale, quelque événement appartenant aux époques modernes, les peintres se gardaient bien d'apporter la moindre modification au système une fois adopté comme la règle du beau universel. Ordonnance des lignes générales, attitudes, et jusqu'à l'expression des visages, jusqu'au caractère des costumes, tout devait, sous peine d'être réputé indigne de l'art, contrefaire les formes antiques et s'affubler d'une majesté banale. Que Vien, et un peu plus tard Vincent, eussent à représenter sur la toile, le premier la *Mort de Coligny*, le second *Mathieu Molé aux Barricades*, que les élèves de David acceptassent par hasard quelque besogne semblable, aucun de ces artistes ne se mettait fort en peine de préciser les conditions exceptionnelles et la physionomie particulière de son sujet. Au milieu de la toile, le héros debout et parfaitement immobile, pour faire contraste avec la turbulence des groupes environnants ; au premier plan, quelques énergumènes à demi-nus, variantes plus ou moins heureuses des types fournis par la statuaire, et dans le fond, des bras ou des piques s'agitant de manière à rompre les lignes horizontales de la composition : voilà le programme pittoresque dont les termes avaient été fixés un demi-siècle auparavant, et que bien des gens suivaient encore avec une pieuse docilité, lorsque le tableau peint par M. Delaroche vint faire justice de ces conventions académiques. La *Mort du président Duranti* se distingue entre les œuvres appartenant au même ordre de sujets et à la même époque par la vraisemblance de la mise en scène. A ne considérer cette toile que dans ses rapports avec les travaux précédents du peintre, elle révèle certaines qualités d'exécution dont on ne trouverait ailleurs qu'une promesse encore incertaine et un assez vague pressentiment.

Jusque-là en effet on pouvait reprocher au dessin et au coloris de M. Delaroche une correction un peu superficielle. Rien d'absolument inexact dans la forme, rien de tout à fait faux dans le ton, mais aussi rien qui exprimât à fond la vérité et l'émotion ressentie par l'artiste. Quelque chose de prudent jusqu'à la froideur, d'impartial jusqu'au scepticisme, alourdissait la pratique et en affaiblissait l'accent. Ici, au contraire, le dessin est ferme et facile, le coloris sobre, mais non indigent, et le modelé fin de quelques morceaux, — de la tête de Duranti entre autres, — atteste la volonté de serrer de près la nature. Enfin l'extrême habileté avec laquelle sont traités les ajustements, les fourrures, et en général tous les accessoires, achève de mettre en relief la scrupuleuse véracité de ce pinceau. Ailleurs, il est vrai, cette habileté pourra dégénérer presque en ostentation de dextérité, cette imitation soigneuse des objets inanimés empiétera sur d'autres études; mais dans la *Mort du président Duranti* l'expression des réalités secondaires n'a que l'importance qui convient. C'est en face de la *Mort d'Élisabeth* qu'on sentira l'abus de la méthode, et que le regard sera comme étourdi d'une sorte de fracas pittoresque. M. Delaroche heureusement n'était pas homme à se méprendre longtemps. En dépit des applaudissements qui accueillirent, au salon de 1827, la *Mort d'Élisabeth*, il vit bien que persister dans la voie où il venait d'entrer, c'était s'exposer à faire fausse route : il se hâta de rétrograder. Un soin excessif dans le rendu des accessoires put encore, sous sa main, nuire de temps à autre au relief des morceaux essentiels et diviser l'effet de ses compositions; mais ce défaut, il travailla sans relâche à s'en corriger, et là même où les objets inertes sont traités par lui avec le plus d'amour, ils n'usurpent plus, comme dans l'*Élisabeth*, le droit de se mettre en vue.

La *Mort du président Duranti*, *Miss Macdonald* et les autres toiles exposées par M. Delaroche au salon de 1827, de nouveaux tableaux qui, sans être sortis encore de son atelier, commençaient à occuper la presse et le public, en un mot ce que l'on avait vu ou ce que l'on s'attendait à voir avait donné au nom du peintre, vers la fin de la restauration, une importance considérable. L'attitude de M. Delaroche à cette époque, l'influence à demi légitime, à demi anticipée qu'on lui attribuait déjà ont été exactement définies par M. Charles Lenormant dans quelques pages consacrées à la mémoire d'un homme qu'il avait beaucoup connu et à l'appréciation d'un talent dont il avait suivi de près les premiers développements : « Je fus étonné, dit M. Lenormant, de l'empire qu'à trente-trois ans Paul Delaroche exerçait autour de lui. Ceux qui réclamaient ses conseils étaient nombreux et ne l'abordaient qu'avec un sentiment de respect; il était froid, réservé, et pourtant sa bonté rayonnait sur ses élèves. Ce qui me frappait le plus, c'était la confiance extraordinaire qu'on avait dans son avenir : le bouton avait paru, la fleur allait éclore; on se groupait dans l'attente de cet épanouissement.... » Quoi de plus naturel d'ailleurs? Si l'on se reporte à ces années pleines de promesses, à ce temps qui s'annonçait comme une sorte de renaissance où l'on pourrait aujourd'hui signaler plus d'une méprise, mais où chacun du moins voulait et espérait le progrès, il sera facile de comprendre la confiance qu'inspirait alors M. Delaroche et le pouvoir qu'on lui reconnaissait d'avance comme à d'autres réformateurs appartenant à la même génération, on dirait presque à la même école, bien que dans une sphère d'action

différente. Par ses tendances et le caractère de son talent, M. Delaroche représentait
à peu près dans les arts ce que les écrivains du *Globe* représentaient dans la politique
et dans les lettres. Comme eux, il avait embrassé le parti du mouvement, il aspirait
à régénérer des doctrines vieillies ; mais, comme eux aussi, il entendait respecter
certaines limites que de plus aventureux avaient déjà franchies, quitte à ne pas trop
savoir ensuite où s'arrêter. Non sans autorité sérieuse dans le présent, il semblait
surtout promis à l'avenir. Aussi, lorsque la révolution de 1830 eut ruiné du même
coup les institutions politiques et ce qui restait des résistances de l'ancienne école, se
trouva-t-il tout naturellement l'un des hommes le plus en vue, et, comme on devait dire
dix-huit ans plus tard à propos d'autres hommes et d'une autre révolution, l'une des
espérances de la veille. Il importe toutefois de bien préciser le rôle de M. Delaroche à
cette époque, et sa part d'action dans des événements auxquels il se trouva mêlé
seulement en tant qu'artiste. J'ignore sur la foi de quelle tradition l'auteur d'un article
nécrologique a cru devoir le montrer combattant en juillet derrière les barricades; mais
il en est de ce fait comme du duel de Lesueur, et de tant d'autres anecdotes qui se sont
glissées dans la biographie des artistes célèbres, rien n'est moins exact à tous égards.

M. Delaroche au surplus semble avoir eu ce privilége d'attirer sur les actes de
sa vie, sur ses intentions même, des regards un peu plus pénétrants que de raison,
et de fournir matière, en dehors de l'art, à des suppositions imprévues ou parfaitement
contradictoires. Il y a vingt-sept ans, au lendemain de cette révolution où l'on veut
aujourd'hui qu'il soit intervenu les armes à la main, on lui prêtait des passions politiques
fort différentes. Le *Cromwell* et *les Enfants d'Édouard* étaient, disait-on, une allusion
aux faits de l'histoire contemporaine, un pieux hommage aux vaincus, une leçon à
l'adresse des vainqueurs. Étrange leçon ! soit dit en passant, et pour le moins bien
inutile : aussi M. Delaroche ne songea-t-il nullement à la donner. De ces deux tableaux
que l'esprit de parti essayait de transformer en moralités de circonstance, l'un était achevé
plusieurs mois avant la révolution de juillet, l'autre ébauché déjà au moment où cette
révolution éclata. A moins d'accorder au peintre un don singulier de prescience, il
faut convenir qu'en travaillant à ces ouvrages, il n'en soupçonnait guère la signification
prochaine et la prétendue opportunité. Non, les arrière-pensées de M. Delaroche à
cette époque de sa vie et à d'autres époques, les intentions secrètes dont on s'est plu à
compliquer son talent, tout cela n'est qu'erreur ou invention. Nous ne voulons pas dire,
tant s'en faut, que M. Delaroche fût indifférent à toutes les causes, qu'il se tînt en dehors
des événements ou des idées qui venaient se succéder dans son pays. Il avait, comme
homme, des préférences auxquelles il est resté fidèle; mais, comme peintre, il
n'entendait faire ni de l'art un moyen d'action éphémère, ni de son pinceau un
instrument de polémique; son ambition était plus haute, et son entreprise plus vaste,
plus humaine. Le peintre de *Charles Ier* et de *Jane Grey*, de *Napoléon à Fontainebleau*
et de *Marie-Antoinette*, de *Strafford* et des *Girondins*, l'artiste qu'émeuvent toutes les
grandes infortunes, qui célèbre tous les genres d'héroïsme sans distinction de race
ni de drapeau, — un tel homme à coup sûr ne prend pas l'attitude d'un homme de
parti, mais bien la tâche d'un historien et d'un moraliste. L'histoire est-elle véridique,
la morale ressort-elle clairement des scènes représentées, voilà le point essentiel.

Que le choix du sujet intéresse à tort ou à raison les passions du moment, peu importe : l'esprit de l'œuvre n'est pas là.

Nous l'avouerons pourtant. Si M. Delaroche n'eût recherché dans tout le cours de sa vie que le genre de vérité qui caractérisa d'abord sa manière, s'il se fût proposé pour but unique la reproduction littérale du fait, il serait permis, malgré les succès obtenus, de discuter sinon son talent, au moins la valeur esthétique de son système. En faisant une part si large dans l'art à l'élément historique, à une sorte d'exactitude officielle, M. Delaroche, pourrait-on dire, tendait à amoindrir d'un autre côté la portée pittoresque de ses travaux; il remplaçait, par des procédés en quelque façon littéraires, les moyens d'expression qui appartiennent au pinceau. Soit : mais sans parler de la soif de réalité qui tourmentait, il y a trente ans, une génération longtemps soumise à un régime tout contraire, ne faut-il pas estimer à leur prix la science et la sagacité d'un homme capable d'évoquer ainsi le passé? Ne doit-on pas, surtout, en face des tableaux où M. Delaroche n'a prétendu faire acte que d'historien fidèle, de chroniqueur si l'on veut, ne doit-on pas se rappeler qu'il devait ailleurs interpréter en poëte, et en poëte profondément ému, les passions, les misères, dont il s'est contenté ici de reproduire le geste ou le costume? Lorsqu'il n'était encore que le peintre des *Enfants d'Édouard* et de *Cromwell*, il ne pressentait pas sans doute qu'un jour viendrait où son âme s'ouvrirait à des inspirations d'un autre ordre; que sa main si studieuse au début de la vérité palpable tracerait avec amour l'image de vérités plus hautes; qu'en un mot la *Jeune Martyre* et les quatre sujets de l'*Histoire de la Vierge* viendraient admirablement démentir les principes qui le guidaient alors. Je dis mal : l'histoire de ce talent n'offre pas de démenti. Il n'y eut que progrès incessant, développement continu d'une intelligence avide du bien et de mieux en mieux informée. M. Delaroche ne mettait autrefois dans ses œuvres que son esprit et sa raison; il finit par épancher sur la toile son âme tout entière. De là cette supériorité de mérite qui distingue ses derniers tableaux des tableaux appartenant à sa première manière; de là aussi une apparente contradiction entre ses opinions sur l'art vers la fin de sa vie et la doctrine qu'il avait professée d'abord : doctrine relativement un peu humble, mais dont on n'a pas à dissimuler l'insuffisance puisque la leçon nous vient à cet égard de M. Delaroche lui-même et des exemples contraires qu'il sut donner plus tard.

À l'époque où M. Delaroche ne se proposait de formuler que la réalité historique, sa pensée, ses paroles même étaient à peu près celle-ci : « Les grands maîtres ont exploité le champ de l'invention poétique avec un tel succès qu'à peine reste-t-il à glaner sur leurs traces quelques rares débris. Désormais la moisson est faite. Les idées religieuses ont trouvé depuis longtemps leur forme définitive. D'éternels modèles nous révèlent d'autre part, et avec un éclat incomparable, le beau dans sa plus haute acception plastique. En dehors de ces deux interprétations suprêmes, qu'y a-t-il donc encore à tenter? L'analyse des événements purement humains, la représentation des faits au point de vue dramatique et sous leur aspect, non le plus grandiose, mais le plus probable. Un enseignement direct, et dans une certaine mesure familier, voilà ce qui s'appropriera le mieux aux conditions de l'art moderne,

3

aux besoins intellectuels de notre époque. » Or cet enseignement, si opportun qu'il
fût, fallait-il en préciser les formes à ce point qu'aucun détail ne fût exclu, aucune
réalité dissimulée ? Le succès a donné raison aux théories de M. Delaroche, et
d'ailleurs l'extrême habileté avec laquelle elles ont été mises en pratique les justifie
suffisamment. Il est permis néanmoins de se demander si tout ce que la plume
décrit à la pensée, le pinceau peut également le raconter aux yeux, et s'il n'en
est pas des ressources de la peinture en face de certains sujets comme des lois ou
des convenances théâtrales. « Ne mettez pas la potence sur la scène, écrivait Diderot
à Voltaire ; d'autres bientôt y feront figurer le pendu. » M. Delaroche n'a pas craint
de réaliser quelque chose des pressentiments de Diderot. La tête coupée de Charles Ier,
la paille qui va boire le sang de Jane Grey dépassent peut-être la limite des vérités
utiles. En vain objecterait-on l'exemple des anciens maîtres et ces instruments de
torture qu'ils ne se faisaient pas scrupule d'introduire dans leurs tableaux : il n'en
va pas du martyre d'un saint comme d'une exécution judiciaire. L'expression de la
foi sur les traits de celui qui subit le supplice, le ciel entr'ouvert pour recevoir
cette âme déjà presque délivrée du corps, tout, jusqu'au lieu et à l'époque de la
scène, tend à idéaliser le martyre religieux et les circonstances qui l'environnent.
La palme, en un mot, se voit aux mains des anges autant pour le moins que la
hache où la torche aux mains des bourreaux. Dans la mort d'une victime de la
politique un semblable contraste ne saurait exister. Ici, sans doute, la pensée de
Dieu, de l'éternelle justice peut et doit planer sur le tableau des infortunes et des
iniquités humaines ; mais elle ne se traduit pas sous des formes assez sensibles, elle
n'apparaît pas assez ouvertement pour racheter l'horreur du spectacle et ennoblir,
comme ailleurs, la réalité. Le mieux ne serait-il pas que l'art atténuât cette réalité
extrême et que le peintre d'une scène historique s'imposât, à certains égards, plus
de réserve que le peintre d'un sujet religieux?

Qu'importe après tout? Si M. Delaroche a pu quelquefois s'exagérer un peu à
lui-même ses devoirs de peintre historien, que de fois en revanche ne les a-t-il pas
remplis avec une justesse de vue et une pénétration parfaites ! Quel tact, quelle
finesse dans la composition de ces trois scènes entre autres, *Richelieu traînant à la
remorque de son bateau Cinq-Mars et de Thou*, *Mazarin à son lit de mort*, et la *Mort du
duc de Guise !* C'est en peignant des tableaux de cet ordre, et nous ajouterons de
cette dimension, que M. Delaroche, à l'époque de sa première manière, prouve avec
le plus d'évidence les ressources de son esprit et l'habileté de son pinceau. C'est
dans ce genre mixte qu'il excelle, dans ces tragi-comédies pittoresques où le trait de
mœurs est de mise à côté de l'image terrible, où la délicatesse de l'observation s'allie
à l'énergie du sentiment. Quoi de plus expressif, par exemple, que la figure de
Henri de Guise étendue à terre dans l'âpre majesté de la mort, et menaçant
encore, pour ainsi dire, les assassins qui ont fait le coup et le roi qui les a armés?
En face de cette figure virile, le peintre nous le montre, ce lâche roi, soulevant
d'une main tremblante la draperie derrière laquelle il se tenait blotti pendant la
lutte, interrogeant d'un regard oblique la pâleur de la victime et s'assurant de loin
que tout est bien fini. Ce mélange de cruauté et de terreur presque ridicule

qu'expriment l'attitude et le visage de Henri III, l'empressement des meurtriers à
se porter au-devant du maître et à faire valoir auprès de lui chacun ses services
personnels, enfin, — qu'on nous passe le mot, — le côté comique de cette scène
sanglante est mis en lumière avec autant d'esprit que le côté sinistre ressort avec
vigueur. Quant à l'exécution matérielle, elle a une fermeté et une aisance dont les
meilleurs tableaux de M. Delaroche, — j'entends ceux qu'il avait faits jusqu'alors, —
n'offrent pas un spécimen aussi achevé. Dans *Miss Macdonald*, la pratique est surtout
élégante, la touche pleine de grâce, mais d'une grâce un peu recherchée. Le *Richelieu*
et même le *Mazarin*, si finement traités au point de vue de la physionomie et du
détail, laissent souhaiter peut-être plus de discrétion dans l'effet général, une
harmonie moins incessamment brisée par la multiplicité des tons et les mille accidents
du modelé. Ce sont assurément de charmants ouvrages, mais il leur manque encore
ce qui caractérise la *Mort du duc de Guise*, — l'accent de la certitude et l'autorité
du goût.

Dans la *Mort du duc de Guise*, rien que de correct sans minutie et d'harmonieux
sans faiblesse. Les *crayons* et les miniatures à l'huile des peintres français du XVIᵉ siècle
ne déterminent pas, avec une précision plus savante, l'expression d'un visage ou la
forme d'un ajustement. Les *petits-maîtres* flamands eux-mêmes désavoueraient-ils cette
ampleur d'effet? En tout cas, quel est celui d'entre eux qui aurait su définir aussi
nettement le vrai sens et la portée morale d'une pareille scène? Que si l'on s'en tient à
notre école et à notre époque, où trouver un peintre dont le talent s'approprie mieux,
aussi bien même à toutes les conditions imposées ici par le sujet? M. Ingres traitera plus
noblement que personne un thème antique dans un cadre restreint, *Antiochus et Stratonice*
par exemple; M. Delacroix donnera à son petit tableau d'*Hamlet* l'empreinte de la passion
et d'un sentiment profondément pathétique; MM. Decamps et Vernet peindront à
souhait, celui-ci *la Barrière de Clichy*, celui-là *Samson* ou *Joseph* : aucun de ces éminents
artistes, en dépit de ses qualités ou plutôt en vertu de ses qualités mêmes, ne
réussira comme a réussi M. Delaroche dans une œuvre moitié drame, moitié tableau
de genre. Suit-il de là que le peintre du *duc de Guise* l'emporte sur tous les autres
maîtres contemporains? Ce que nous venons de dire ne tend pas à cette conclusion.
Nous ne voulons qu'établir un fait : c'est que M. Delaroche, talent tout éclectique
en apparence, a eu son genre d'excellence, son originalité propre, et que les œuvres
mêmes de ses plus dangereux rivaux laissent aux siennes leur physionomie d'élite
et leur entière valeur.

Sans nier jamais le talent de M. Delaroche, on lui a reproché néanmoins, — et
cela il y a vingt-cinq ans comme depuis lors, — de ne représenter dans l'art que
des qualités en quelque façon négatives. L'artiste, disait-on, qui n'est expressément
ni grand dessinateur, ni grand coloriste, qui n'a pour principe que le culte de toutes
les légalités pittoresques, pour muse que la convenance, un tel homme ne saurait
prétendre à une influence fort puissante sur l'école et les idées de son temps. Il y a
deux manières pourtant d'acquérir cette influence. On peut ou s'emparer de l'opinion
à force ouverte et régner sur elle par droit de conquête, ou se pénétrer si bien de
l'esprit et des besoins actuels, qu'on arrive à résumer en soi les tendances de tous.

Reste à savoir si, au point où nous sommes, le second moyen n'est pas le plus efficace, et si le succès n'appartient pas aux intelligences persuadées par ce qui les entoure plus sûrement encore qu'aux intelligences résolues à ne prendre conseil que d'elles-mêmes. David, comme autrefois Lebrun, avait su imposer ses inclinations personnelles et les habitudes de sa pensée à toute une époque. Lui régnant, personne parmi les artistes comme dans le public n'eût songé sans doute à contester l'opportunité de sa domination. Depuis l'apparition du tableau des *Horaces* jusqu'au moment où fut exposé le *Léonidas*, chacun avait cru de la meilleure foi du monde reconnaître ses propres aspirations formulées dans les œuvres du maître, et cependant on ne faisait alors que subir l'ascendant de cette forte volonté, l'autorité de ce talent que l'on respectait comme un dogme, et qui n'était au fond que l'expression de la foi d'un seul. Que David soit venu à propos et dans un milieu favorablement préparé pour sa gloire, cela est certain ; mais ne saurait-on dire que le long empire exercé par lui fut en grande partie le résultat d'une surprise, et que sa doctrine, si bien appropriée qu'elle parût aux mœurs du moment, contrariait en réalité l'instinct national et les coutumes de l'art français? Aussi, quel empressement à secouer le joug dès que le maître n'est plus là pour le maintenir ! quelle violence dans la réaction, et quels excès d'indépendance après ce régime tyrannique ! C'en est fait désormais de la soumission de l'école comme du despotisme des chefs. Aucun de ceux-ci ne réussira à régenter pleinement l'opinion, à la façonner suivant ses propres principes, et ce qui prouve combien l'intimidation en pareil cas est devenue une arme insuffisante, c'est que les deux talents les plus radicaux qui aient paru depuis David n'ont pu, l'un en dépit de son élévation soutenue, l'autre malgré sa fécondité et son éclat, réduire les résistances de la foule.

A côté de M. Ingres et de M. Delacroix, qui n'avaient et ne pouvaient avoir, en vertu de leur absolutisme même, qu'une action circonscrite sur le goût public, à côté aussi d'autres talents qui ne représentaient chacun que des tendances à peu près personnelles, il y avait donc place pour un artiste dont le rôle consisterait à concilier, au moins en apparence, ces doctrines ennemies, et à se faire l'interprète des aspirations de tous. M. Delaroche prit ce rôle difficile. Grâce à lui, et par le seul fait de son entremise, les arts qui semblaient se mouvoir dans une atmosphère étrangère à celle de notre éducation et de nos habitudes se sont comme rapprochés de nous. Les enseignements du pinceau nous sont devenus presque aussi familiers que les enseignements littéraires, et là où nous nous laissions rebuter par des formes d'expression ou scientifiques ou confuses, nous avons aisément été persuadés par un langage intelligible à tous. Ce n'est pas toutefois qu'en se mettant ainsi à la portée des ignorants, M. Delaroche compromît ses titres auprès des érudits. On ne saurait dire non plus que l'impartialité avec laquelle il accueille tous les progrès qui s'accomplissent, toutes les idées qui s'agitent autour de lui, dégénère en scepticisme systématique. Son talent est, si l'on veut, un miroir où se reflètent les symptômes généraux du goût actuel. Il reproduit aussi, et non moins fidèlement, ce que l'artiste a senti à propos des objets qu'il nous montre. Dans ces œuvres, peu agressives, mais suffisamment accentuées, et, comme aurait dit La Bruyère, faites en somme

« de main d'ouvrier, » les hommes familiarisés avec les difficultés de l'art reconnaîtront les témoignages d'un savoir sérieux et d'une habileté supérieure. Ceux qui savent tenir compte seulement des idées ou des faits que traduit la peinture marchanderont encore moins leurs suffrages à un peintre si bien en mesure d'intéresser directement l'esprit. On a dit quelquefois que M. Delaroche, avec son organisation et les qualités générales de son intelligence, se serait aussi sûrement distingué dans une autre carrière que dans celle qu'il avait choisie. Peut-être en eût-il été ainsi. Si M. Delaroche, par exemple, eût voué sa vie aux travaux littéraires, il n'est pas impossible qu'il eût acquis à peu près la même réputation, et l'instinct qu'il semble avoir des effets de la scène permettrait de penser que le drame se serait formulé sous sa plume aussi heureusement que sous son pinceau. A quoi bon pourtant chercher à deviner ce que l'artiste aurait pu faire en dehors de ce qu'il a fait? Ses œuvres établissent nettement son mérite, elles justifient de reste le parti qu'il a préféré, et le rôle de M. Delaroche est trop important, trop nécessaire même, dans l'histoire de l'art contemporain, pour qu'on puisse le supprimer sans supprimer du même coup l'expression la plus claire et comme le résumé des efforts de l'école moderne.

On a vu que la *Mort du duc de Guise* marquait avec plus de précision qu'aucun des travaux antérieurs de M. Delaroche ce que nous avons appelé sa manière purement historique, cette manière popularisée déjà par dix ans de succès, et que l'Institut n'hésita pas à consacrer en admettant dès 1833 le peintre de *Cromwell* et de *Jane Grey*. Il nous reste à indiquer, dans les travaux qui suivirent, les développements et les caractères nouveaux à quelques égards de son talent jusqu'au jour où la mort devait glacer cette main laborieuse, cet esprit plus actif et mieux inspiré que jamais.

Tandis que M. Delaroche travaillait au tableau de la *Mort du duc de Guise*, où il allait achever de faire ses preuves comme peintre de sujets historiques, une tâche fort différente à tous égards, — la décoration de l'église de la Madeleine, — occupait déjà sa pensée. Il avait accepté ce grand travail vers la fin de l'année précédente (1833). De la part d'un artiste accoutumé aux succès populaires, et dont le crédit était bien assuré dans un certain ordre de peinture, il y avait sans doute du courage à tenter ainsi une entreprise contraire à toutes les habitudes de son talent. Jusque-là, M. Delaroche ne s'était pas, à vrai dire, essayé dans la peinture religieuse. Deux tableaux faits au commencement de sa carrière, — une *Piété*, destinée à la chapelle du Palais-Royal, et un *Saint Sébastien*, — ne pouvaient sous aucun rapport passer pour des épreuves suffisantes [1]. Personne ne le sentait mieux que lui, et lorsqu'il se résolut à entreprendre les peintures de la Madeleine, ce ne fut pas du moins sans avoir bien apprécié les conditions toutes nouvelles qui lui étaient faites et le péril auquel il s'exposait. « Je vous avoue, écrivait-il à l'un de ses amis, qu'à première vue la proposition m'a fait peur. J'ai si bien compris ce qui me manquait pour accomplir une pareille tâche, que je me suis laissé aller d'abord à la tentation de

---

1. Il faudrait mentionner aussi la *Sainte Amélie*, si ce tableau n'appartenait par le style et par le caractère de l'exécution, à la classe des œuvres de genre plutôt qu'à la classe des tableaux religieux.

la refuser. Tout bien considéré pourtant, j'ai changé d'avis. Je suis peintre : je dois
à l'art et je me dois à moi-même de ne reculer devant aucun effort. J'irai faire
mon noviciat en Italie, et quand je me sentirai bien approvisionné, je reviendrai me
mettre à l'œuvre... »

Jusqu'à cette époque M. Delaroche n'avait guère consulté les exemples de l'art
étranger que dans les galeries du Louvre. Encore choisissait-il avec soin parmi ces
exemples ceux qui s'appropriaient le mieux à ses instincts de véracité, à son intelligence
plutôt amie de l'exactitude qu'éprise de l'idéal, et s'arrêtait-il moins souvent devant
les chefs-d'œuvre de l'école italienne qu'en face ces tableaux flamands et des portraits
peints par Holbein ou dessinés par les artistes français du xvıᵉ siècle. Il s'arrêtait,
avons-nous dit : c'est là, en effet, le mot qui convient. Quelles que fussent ses
sympathies pour une œuvre ou pour un maître, M. Delaroche préférait ces études
où sa main restait oisive à un travail d'assimilation matériellement plus complet.
A peine, en de certaines occasions, — lorsqu'il s'agissait par exemple de quelque
détail caractéristique, — enregistrait-il dans ses cahiers de croquis le souvenir qu'il
importait de noter textuellement : pour tout le reste il se fiait à sa mémoire, à
l'impression reçue, au conseil demandé de près mais non transcrit. Aussi n'a-t-il
laissé aucune copie peinte, aucune esquisse même d'après les maîtres qui lui étaient
le plus chers et qu'il avait le plus soigneusement étudiés [1]. De fréquentes stations
au Louvre et au cabinet des Estampes où il feuilletait l'œuvre d'Albert Durer et les
recueils de pièces historiques plus habituellement que l'œuvre de Marc-Antoine, une
excursion de quelques jours à Londres en 1827, et, l'année suivante, un très-rapide
voyage en Belgique, — tels étaient, en dehors des travaux de l'atelier, les seuls modes
d'instruction auxquels M. Delaroche avait cru devoir recourir jusqu'au jour où
on lui confia la décoration de l'église de la Madeleine. Avant cette époque, un
séjour en Italie lui eût paru presque un danger, ou, s'il songeait quelquefois à passer
les monts, c'était, disait-il, afin d'aller à Gênes s'inspirer des portraits qu'y a laissés
Van Dyck.

Une fois pourtant M. Delaroche avait été bien près de s'exposer au péril qu'il
redoutait et de se rendre, non plus à Gênes pour y étudier la peinture flamande,
mais à Florence et à Rome pour demander aux chefs-d'œuvre de l'art italien le
secret d'agrandir sa manière. Ajoutons qu'il ne s'agissait alors ni d'apprentissage à faire
en face des plus beaux monuments de la peinture religieuse, ni même d'informations
d'aucune sorte auprès des maîtres qui n'avaient manié que le pinceau. Les œuvres
dues au ciseau de Donatello et de Michel-Ange, tels étaient les modèles que
M. Delaroche se proposait d'interroger : un morceau de sculpture colossal, voilà le
travail qu'il avait mission d'exécuter. Le fait est peu connu et nécessite quelques
explications.

A l'exemple de plusieurs peintres anciens, M. Delaroche avait coutume, avant

---

1. La seule copie qui existe de la main de M. Delaroche est une reproduction de l'*Annonciation* de
Lesueur. Cette copie, grande comme la toile originale et placée depuis plus de trente ans dans l'église de
Villeneuve-le-Roi (Yonne), avait été commandée par l'administration des Beaux-Arts à M. Delaroche après le
salon où il avait exposé sa *Josabeth*.

d'entreprendre un tableau, de chercher les lignes et l'effet de sa composition en groupant des maquettes modelées en cire, suivant la distance relative et les conditions de lumière où les figures devaient se trouver sur la toile. Le plus souvent, dans ces études préparatoires, les proportions et l'attitude de chaque personnage n'étaient indiquées que sous forme d'esquisse. Parfois cependant, l'artiste séduit par l'attrait du travail se prenait à déterminer le modelé de certains morceaux avec une précision telle que la pensée lui venait ensuite de multiplier ces fragments par le moulage et de conserver pour lui-même ou pour ses amis un souvenir de son habileté fortuite en quelque sorte. C'est ainsi que la tête de Charles Ier, modelée en petit à titre de simple renseignement pour le tableau de *Cromwell*, fut isolée de l'ensemble où M. Delaroche avait comme charpenté la scène, puis coulée en bronze et tirée à quelques exemplaires, et qu'une épreuve en plâtre du groupe des *Enfants d'Édouard* survécut aux autres éléments de la composition définitive. Vers le commencement de 1830, M. Delaroche se proposait de peindre un *Saint Georges terrassant le dragon*. Suivant sa méthode habituelle, il avait eu recours à l'ébauchoir pour se rendre compte des conditions linéaires de la tâche; mais, comme à quelques égards cette tâche était nouvelle pour lui, — Saint Georges devant être représenté à cheval et le dragon exigeant certaines combinaisons de formes étrangères jusque-là aux études de l'artiste, — M. Delaroche avait étudié de plus près et exprimé plus soigneusement que de coutume ce qu'il voulait transcrire avec le pinceau. Le cheval avait été entièrement modelé d'après nature; les diverses parties dont se composait le corps fantastique du monstre accusaient, aussi bien que la figure du héros, une imitation assez avancée déjà de la réalité. Bref, en se préparant à l'œuvre qu'attendait la toile, le peintre du *Saint Georges* se trouvait avoir, presque involontairement, fait acte de statuaire. Un homme qui exerçait alors une influence considérable sur l'administration des Beaux-arts en France, M. le comte Amédée de Pastoret, vit le groupe dans l'atelier de M. Delaroche, et, jugeant qu'un tel essai promettait un monument de sculpture aussi sûrement au moins qu'un beau tableau, il voulut que le *Saint Georges*, exécuté dans des proportions colossales et coulé en bronze, s'élevât prochainement au centre d'un des carrés des Champs-Élysées. Une autre figure équestre devait être placée en regard de celle-ci, et Mlle de Fauveau avait été chargée de modeler, comme pendant à l'œuvre de M. Delaroche, un *Charles VIII au moment où il entre en Italie*.

On le sait, tout peintre est à peu près sculpteur ou du moins familiarisé d'avance avec les conditions de la sculpture, puisque ces conditions sont aussi des lois pour le pinceau. Sauf la pratique du moyen matériel, il ne manque à celui qui traduit la forme humaine sur la toile l'expérience d'aucune des difficultés imposées au statuaire. L'étude de la ligne, des proportions, du modelé, la science du dessin en un mot, c'est-à-dire l'élément même de la sculpture, sert également de principe aux travaux que le peintre a mission d'accomplir, et si celui-ci doit, de plus, animer par le coloris les formes qu'il retrace, ce surcroît de vérité dans l'imitation ne saurait ni l'exempter, ni le distraire des obligations communes à son art et à l'art du ciseau. En acceptant la tâche qu'on lui offrait ainsi à l'improviste, M. Delaroche ne s'aventurait donc pas, à vrai dire, dans une entreprise étrangère de tous points aux habitudes de son talent. Cette entreprise, à l'envisager au point de vue de l'exécution même, il eût été déjà en mesure de la tenter; mais le style que comportait un pareil ouvrage, le goût épique dans lequel il devait être traité, voilà ce qui préoccupait surtout un artiste habitué jusqu'alors à lutter contre des difficultés plus humbles et ce qui lui avait fait prendre la résolution d'aller consulter à Florence et à Rome les exemples des maîtres. Encore quelques semaines et M. Delaroche se mettait en route, lorsque la révolution de Juillet vint ajourner indéfiniment ce projet de voyage, et, plus indéfiniment encore, le travail qui l'avait inspiré. Le *Saint Georges* destiné à devenir un morceau de sculpture monumental est resté pour toujours à l'état d'esquisse : deux épreuves en bronze du petit groupe modelé en 1830 sont tout ce qui subsiste de l'entreprise [1]. Quant au voyage, il fallut que quatre années s'écoulassent avant que M. Delaroche fût amené de nouveau à le juger nécessaire, et qu'une grande tâche de peinture murale imposât à ce talent le devoir d'aller en Italie se raffermir et s'achever.

M. Delaroche toutefois était bien résolu à ne demander à l'Italie que des leçons techniques, des modèles de style et non des patrons d'idées. Pour plus de sûreté et comme pour se prémunir contre les dangers d'une influence trop directe sur sa propre imagination, il avait voulu avant son départ arrêter toutes ses compositions, les essayer sur les murs de l'église et se fixer à lui-même les termes généraux du programme dont il modifierait ensuite les détails suivant les exemples des maîtres. Heureux ceux qui savent se défier ainsi de l'autorité des chefs-d'œuvre et garder un fonds d'indépendance là où il est si facile de se laisser absolument asservir! Rien de plus rare en pareil cas qu'une admiration prudente, rien de plus chanceux, même pour les peintres les mieux doués, que l'étude de l'art italien, quand cette étude n'a pas pour objet précis le développement d'un sentiment personnel. Or comment s'écouter fort attentivement soi-même en face de ces créations incomparables qui, comme *la Cène*, les *Stanze* ou *la Chapelle Sixtine*, sont le dernier mot de l'art et l'effort suprême du génie humain? Les plus fiers à coup sûr s'humilieront devant elles; les plus sages peut-être se tourneront vers des modèles moins parfaits et par cela même mieux appropriés aux instincts et à l'ambition de chacun. Telle fut au moins la règle de conduite que s'imposa M. Delaroche pendant son séjour en Italie. Au lieu de copier les œuvres de Raphaël ou de Léonard, il voulut remonter aux sources où ces grands maîtres avaient puisé et interroger à son tour les premiers monuments de la peinture religieuse, à peu près comme un écrivain qui, pour former son style, étudierait les origines de la langue avec plus de zèle encore que la littérature des beaux siècles.

M. Delaroche consulta donc à fond, et le crayon à la main, les fresques des *trecentisti* qui ornent les églises de Florence et des autres villes de la Toscane; puis, accompagné de deux de ses amis, MM. Édouard Bertin et Odier, et d'un de ses élèves, il se retira pour peindre les esquisses de ses compositions dans le couvent de

---

1. L'une de ces épreuves a passé de la galerie du duc d'Orléans dans la collection de M. Thiers; l'autre appartient à M. Paul Rattier.

Camaldoli, monastère situé au sommet de l'Apennin, et par conséquent rarement visité. Quelques jours après, M. Ampère, qui accomplissait alors ce *voyage dantesque* dont il a publié le récit, venait se renseigner aux mêmes lieux. Jamais peut-être le *sacro eremo di Camaldoli* n'avait reçu des hôtes si nombreux. En tout cas, c'était la première fois que les cellules du couvent se convertissaient en ateliers et que ses murs abritaient des travaux que la publicité attendait à Paris. Je me trompe : ces travaux auxquels M. Delaroche se livrait alors et qu'il allait pendant près d'une année encore continuer à Rome, ces études poursuivies avec l'ardeur d'un talent qui se sent en progrès, tout cela devait rester stérile et s'ensevelir dans l'obscurité, jusqu'au moment où la mort livrerait à la foule les rêves inachevés de l'artiste et les derniers secrets de son pinceau.

On se rappelle dans quelles circonstances M. Delaroche renonça à ses projets de décoration pour l'église de la Madeleine. Une mesure prise par l'administration l'ayant dépossédé d'une partie de la tâche qu'il croyait confiée tout entière à son pinceau, il s'éleva vivement contre ce partage, et s'empressa de rendre, avec le travail auquel il avait consacré deux années déjà, une somme considérable reçue pour prix de ses études préparatoires. Peut-être, la décision ministérielle n'était-elle que le résultat d'un malentendu; peut-être les droits de M. Delaroche avaient-ils été involontairement méconnus. Quoi qu'il en soit, il y allait pour lui de sa dignité d'artiste, et il n'était pas homme à en faire bon marché. Dans une occasion précédente, vers la fin de la Restauration, il avait mieux aimé voir son nom rayé de la liste des peintres employés par la direction des Beaux-Arts que subir certaines conditions qui auraient mutilé son œuvre[1]. A plus forte raison, lorsqu'il méditait une œuvre bien autrement importante, un ensemble de compositions se déduisant les unes des autres et reliées entre elles par l'homogénéité du style, ne pouvait-il se laisser ravir en silence ce qu'il regardait comme une part de son domaine. Ajoutons qu'à cette époque M. Delaroche n'avait aucune fortune, qu'en abandonnant la somme reçue, il se dépouillait, après tout, d'une rémunération légitime, et que, pour affranchir ainsi son talent, il compromettait dans l'avenir ses ressources matérielles : sacrifice d'autant plus grand que son récent mariage lui imposait de nouveaux devoirs sur ce point et une responsabilité nouvelle[2]. Ceux qui, fort injustement d'ailleurs, seraient tentés d'accuser ici les susceptibilités de son amour-propre, ne refuseront pas au moins d'honorer son désintéressement.

Le voyage d'Italie, que M. Delaroche avait entrepris en vue d'une œuvre spéciale, n'eut donc d'autre résultat que de laisser l'artiste mieux préparé aux tâches qui pourraient survenir. Celles dont il s'acquitta d'abord ne lui permettaient guère de

1. Il s'agissait alors d'un plafond pour l'une des salles du musée Charles X. Le sujet était *Jacques II recueilli à Saint-Germain par Louis XIV*. M. Delaroche, pour compléter le sens de sa composition, l'avait entourée de figures allégoriques en relief dont on exigea la suppression non-seulement avec une insistance peu éclairée, mais avec menace de ne plus employer à l'avenir l'artiste, s'il refusait d'obéir. M. Delaroche abandonna le travail, acceptant sans hésiter la disgrâce qui devait punir son refus.

2. M. Delaroche avait épousé à Rome, au commencement de 1835, M** Louise Vernet, qui devait si noblement porter le poids de deux noms célèbres, et laisser, après sa trop courte vie, tant de regrets et de pieux souvenirs.

5

mettre en relief les qualités qu'il avait acquises au delà des monts. *Charles Ier insulté par les soldats de Cromwell* et *Strafford marchant au supplice* n'avaient et ne pouvaient avoir qu'un mérite analogue au mérite des tableaux précédents. M. Delaroche eût été mal venu à se souvenir, en face de pareils sujets, des études qu'il faisait peu auparavant en Italie ; il lui fallait attendre, pour tirer parti de son expérience nouvelle, qu'une occasion s'offrît où il eût à reproduire non plus un fait simplement historique, mais une scène d'un caractère idéal. *L'Hémicycle du palais des Beaux-Arts*, qu'il fut chargé de peindre en 1837, lui fournit enfin cette occasion d'essayer ses forces sur un vaste champ et dans un ouvrage tout d'invention. On sait le succès de l'entreprise : les résultats d'ailleurs en ont été depuis longtemps appréciés par M. Vitet avec une pleine autorité, et nous nous garderons de revenir sur un sujet si parfaitement épuisé. Qu'il nous soit permis seulement de rappeler les efforts faits par M. Delaroche pour mener à bonne fin ce grand travail et d'indiquer, à propos de *l'Hémicycle*, quelque chose de sa manière de procéder habituelle. L'estime qu'inspire le talent du peintre ne pourra que s'accroître du respect dû à sa stricte loyauté.

Ce qui distingue toujours les productions de M. Delaroche, depuis les plus considérables jusqu'aux moins importantes, c'est l'empreinte de la conscience. Tout y est rigoureusement défini, tout atteste les recherches scrupuleuses et les longues réflexions. Que l'œuvre satisfasse complétement ou non ceux qui sont appelés à la juger, personne à coup sûr, même parmi les plus sévères, ne sera tenté d'accuser l'artiste de négligence. Est-ce assez toutefois, et suffira-t-il de constater des habitudes soigneuses là où se traduisent en réalité l'amour profond de l'art, le besoin passionné du mieux ? M. Delaroche ne réussissait que difficilement à donner aux formes de sa pensée une précision satisfaisante. Nous ne voulons pas dire qu'il y eût chez lui lenteur d'intelligence ou stérilité préalable, et que comme certains maîtres contemporains, comme Léopold Robert, par exemple, il prît pour point de départ une donnée infime d'où il s'élevait ensuite vers des régions plus hautes à force de tâtonnements, de temps et de patience. Non, le fond de ses intentions se révélait déjà dans les travaux qu'esquissait son crayon, et à plus forte raison dans les tentatives de son pinceau ; mais, si arrêtées que fussent dès le début sa volonté et ses idées d'ensemble, il n'arrivait à se contenter sur les détails qu'après avoir épuisé la série des études préparatoires. De là les peines sans nombre que lui coûtait l'exécution de ses tableaux. Il est tel d'entre eux dont les figures, dessinées vingt fois isolément, ont été ensuite modelées en cire avant d'être transportées sur la toile, puis peintes en grisaille et enfin coloriées, jusqu'à ce que le grattoir vînt anéantir le résultat de tous ces essais et laisser le champ libre à des essais nouveaux. Ce qu'il importe de noter, c'est que chacun de ceux-ci équivalait toujours à un progrès. M. Delaroche avait le rare talent de ne pas prendre pour une idée meilleure ce qui n'était au fond qu'une idée neuve, et de ne rien sacrifier qu'à bon droit. Aussi savait-il mieux que personne mettre à profit un avis utile et achever de s'éclairer lui-même au contact de l'opinion d'autrui. En revanche, nul ne résistait plus résolûment aux avis imprudents. Sur ce point, comme en toutes choses, il s'interrogeait

avec une entière bonne foi ; mais une fois convaincu, il ne craignait pas plus de
poursuivre sa tâche qu'il n'hésitait à la recommencer lorsqu'un juste mode de
perfectionnement lui avait été ou suggéré ou spontanément révélé. En un mot, de
quelque part que lui vinssent les conseils, il en discernait la valeur avec une
clairvoyance singulière, et le moins qu'on puisse dire de ce qu'il tirait de lui et des
autres, c'est que le tout était le fruit de comparaisons attentives, d'études profondément
sincères. On ne saurait d'ailleurs trop insister sur la constance de ces efforts et sur
ces exemples de haute probité. Assez d'artistes profitent de la notoriété qu'ils ont
acquise pour débiter au jour le jour jusqu'aux plus chétives improvisations de leur
pinceau ; assez de gens traitent l'art en spéculateurs et s'inquiètent moins des progrès
de leur talent que du taux auquel il est coté. Il peut être utile d'opposer à cette
soif du gain les témoignages d'une ambition plus noble, et de montrer en regard
de ces trafiquants de leur crédit un homme qui n'a consenti à vendre que ses œuvres
sans s'abaisser jamais jusqu'à vendre son nom.

On pense bien qu'en entreprenant la décoration de l'*Hémicycle*, M. Delaroche
devait être moins enclin que jamais à se départir de ses habitudes studieuses. Ici en
effet les dimensions de l'œuvre, la simplicité de l'ordonnance avec des éléments
très-compliqués, l'élévation nécessaire du style, tout exigeait un redoublement de
zèle et une ferme volonté d'approfondir les conditions nouvelles inhérentes à ce
difficile sujet. Il fallait éviter d'autre part un écueil qui se présentait tout d'abord
et louvoyer entre l'imitation formelle de certains types et l'indépendance absolue. Le
moyen, en traitant un thème de cet ordre, de n'avoir pas présentes à la pensée
l'*École d'Athènes* et l'*Apothéose d'Homère*? Et cependant quel danger n'y eût-il pas eu à
se souvenir un peu trop de pareils exemples? M. Delaroche eut le bon goût de
n'engager la lutte ni avec Raphaël, ni avec M. Ingres, sur le terrain appartenant en
propre à chacun des deux maîtres. Il sut rester lui-même là où il était si facile de
se laisser dominer par des influences étrangères, et, — mérite bien rare chez les
artistes qui s'efforcent d'élargir leur manière, — il ne sacrifia pas les inclinations
naturelles de son esprit à la recherche de qualités artificielles. Les progrès faits par
M. Delaroche à l'École des Beaux-Arts, il les a accomplis, sous des formes
incontestablement différentes, dans le sens ordinaire de ses facultés. Son œuvre,
sérieuse sans être gourmée, élégante, mais non futile, résume à merveille les
caractères de ce talent à la fois grave et spirituel. Condamnez le peintre de l'*Hémicycle*
à s'interdire absolument les ressources dont il a disposé ailleurs, exigez de lui qu'il
n'envisage son sujet qu'au point de vue des traditions et des formes solennelles, et
vous aurez, au lieu d'une page d'histoire de l'art vraisemblable, une de ces légendes
académiques qui ne tournent pas plus à la gloire des héros représentés qu'à l'honneur
de leur panégyriste. Le lot de M. Delaroche était en toutes choses de s'attacher au
côté réel et de le rendre avec finesse. En peignant sur les murs du palais des
Beaux-Arts une scène que le naturel vivifie, en nous montrant, non pas d'uniformes
demi-dieux, mais des hommes qui gardent encore, jusque dans l'olympe où ils siègent,
leur physionomie personnelle et les caractères de leur époque, le peintre des faits
historiques, le narrateur bien renseigné des actions humaines est resté fidèle à sa

mission. D'autres peut-être eussent su donner à ce conciliabule de tous les grands maîtres une portée plus idéale : au point de vue où s'est placé M. Delaroche et dans les termes de sa poétique, nul mieux que lui ne se fût acquitté de la tâche.

Les quatre années si bien remplies que M. Delaroche venait de passer au palais des Beaux-Arts, n'avaient pas eu seulement pour résultat l'achèvement d'une œuvre importante à tous égards et la consécration d'une renommée désormais européenne. En dehors de ses titres au succès actuel, M. Delaroche s'était assuré, durant cette longue lutte, des ressources fécondes pour l'avenir, puisqu'il avait maintenant l'expérience des plus hautes conditions de l'art : conditions déjà pressenties par lui à l'époque où il s'occupait de ses esquisses pour la Madeleine, mais que, depuis lors, il n'avait pu ni approfondir, ni développer à souhait, faute d'études suivies et d'occasion. Encore une fois, le peintre de *l'Hémicycle* s'était bien gardé de répudier sa manière habituelle dans le travail monumental qu'il avait été chargé d'exécuter. Cette manière, expression de ses instincts, de son sentiment propre, il n'avait voulu que l'agrandir et la mettre d'accord avec les lois nécessaires de la tâche ; mais en cherchant ainsi à concilier l'intention idéale et la représentation exacte, son esprit s'était peu à peu acclimaté dans des régions où il n'osait s'aventurer naguère : sa main, forcément affranchie de certains scrupules, avait appris à interpréter ce qu'il lui suffisait autrefois de transcrire. Aussi M. Delaroche n'aspirait-il qu'à poursuivre ses récents progrès en ce sens, à compléter dans une entreprise nouvelle l'épreuve qu'il venait de tenter sur les murs de *l'Hémicycle*, dussent ces murs être une seconde fois le champ livré à son pinceau. « S'il m'était loisible, disait-il à cette époque, d'effacer mon travail et de le recommencer d'un bout à l'autre, je consentirais de bon cœur à m'enfermer encore quatre années dans cette salle d'où je sors aujourd'hui assez peu fier de ce que j'ai fait, mais instruit par l'expérience et préparé du moins à mieux faire. Telle qu'elle est, je crois mon œuvre présentable ; telle qu'elle m'apparaît, quand ma pensée la revise et la renouvelle, elle démontre nettement, elle traduit en qualités formelles des progrès qui n'existent encore chez moi qu'à l'état de sentiment préalable et de provision. » En parlant ainsi, M. Delaroche n'affichait ni une modestie, ni une ambition menteuse. Il est très-vrai qu'au moment de donner les dernières touches à cette œuvre qui lui avait coûté déjà tant de temps et d'efforts, il songea sérieusement à la réformer dans le sens le plus radical. Quelques démarches même furent tentées auprès de l'administration pour obtenir le délai et les moyens d'exécution nécessaires : un refus condamna M. Delaroche à s'en tenir aux améliorations partielles, et le peintre de *l'Hémicycle* dut attendre qu'une occasion lui permît de continuer ailleurs les progrès qu'il eût eu à cœur de poursuivre sur place. Malheureusement cette occasion ne vint pas. Un moment, en 1842, il fut question de confier à M. Delaroche la décoration de la grande salle du Palais de Justice ; mais ce projet n'eut pas de suite, et M. Delaroche, impatient de mettre à profit ses études et son expérience nouvelles, se hâta d'essayer dans des œuvres de moindre dimension, bien que d'un caractère au moins aussi sérieux, les forces qu'il ne lui était plus donné de consacrer à l'exécution d'une peinture monumentale.

Ce fut pour se confirmer dans l'ordre d'idées où il était entré depuis quelque

temps, pour fortifier encore les convictions qu'il emportait de la salle de l'*Hémicycle*,
que M. Delaroche se décida, vers la fin de 1843, à retourner en Italie. Déjà, cinq
ans auparavant, il avait, pour la seconde fois, passé les monts et revu une partie
des villes visitées par lui à l'époque où il se préparait à ses travaux de la Madeleine;
mais cette excursion de quelques semaines, entreprise d'ailleurs en vue de recherches
spéciales et d'études purement historiques [1], avait pu modifier à certains égards la
manière extérieure du peintre sans en renouveler pour cela le fond même et le
principe. M. Delaroche se proposait maintenant un tout autre but. Il voulait aborder
la peinture religieuse et vivre quelque temps dans l'atmosphère où avaient vécu les
maîtres, non pour contrefaire leurs chefs-d'œuvre, mais pour prendre conseil à son
tour de ce qui les avait inspirés. M. Delaroche se rendit donc à Rome, et il y passa
une année : année laborieuse et féconde, puisque sans compter le *Repos de la Sainte
Famille*, le *Portrait de Grégoire XVI* et quelques petits tableaux achevés sur place, elle
produisit en germe la plupart de ces autres travaux où le maître s'est manifesté avec
une autorité nouvelle, mais que la mort seule devait livrer à la foule et au succès.

L'*Hémicycle du palais des Beaux-Arts* est en effet la dernière œuvre que M. Delaroche
ait rendue publique. A partir du jour où il l'eut terminée jusqu'au jour où il cessa
de vivre, — c'est-à-dire pendant quinze ans, — non-seulement il ne fit rien paraître
aux expositions annuelles, mais il n'essaya même pas de recourir à cette demi-publicité,
à ces exhibitions privées dont le succès a dédommagé quelquefois ceux qui, comme
lui, se tenaient éloignés du salon. Sauf un bien petit nombre d'hommes en possession
dès longtemps de son amitié, personne ne vit plus ses ouvrages que de loin en loin et à
la dérobée, pour ainsi dire. Et cependant la plupart des tableaux qu'il a produits dans
cette dernière phase de sa vie n'avaient rien à redouter du grand jour. La réputation
du peintre n'eût fait au contraire qu'y gagner, et l'on peut affirmer, sans exagération
aucune, que son talent a pour le moins autant grandi durant ces quinze années que dans
le cours des vingt années précédentes. A quoi bon insister sur ce point et relever des
mérites présents à toutes les mémoires? Ces œuvres, ignorées de la foule il y a quelques
mois, ont acquis aujourd'hui une vaste célébrité. Chacun a pu suivre, dans une exposition
récente, l'histoire complète, les progrès non interrompus d'un talent auquel on n'aurait
attribué peut-être ni autant de persévérance ni autant de portée. On se rappelait sans
doute que jusqu'au moment où il avait cessé de soumettre ses travaux au jugement
public, M. Delaroche ne s'était pas arrêté dans la voie où il avait obtenu ses premiers
succès; on savait de reste que l'inégalité du mérite sépare, plus encore que l'intervalle
des années, la *Josabeth* de l'*Hémicycle* et le *Filippo Lippi* du *duc de Guise*; mais pouvait-on
pressentir les derniers progrès accomplis, et l'exposition ouverte au palais des Beaux-Arts
n'a-t-elle pas eu à bien des égards le caractère d'une révélation? Telle toile, le *Moïse
exposé*, par exemple, a montré quelle aisance dans l'exécution, et — qualité plus inattendue

---

1. Il s'agissait alors d'éléments à recueillir pour quatre grandes compositions destinées au musée de Versailles.
De ces quatre tableaux, un seul — *Charlemagne traversant les Alpes* — a été exécuté. Les trois autres — le
Baptême de Clovis, le *Sacre de Charlemagne* et le *Couronnement de Pépin*, sont restés tels que les avaient ébauchés
les élèves de M. Delaroche.

encore — quelle limpidité de coloris avait acquises ce pinceau un peu timoré autrefois, un peu enclin à la lourdeur. Une œuvre pleine d'émotion, une œuvre si expressive et si touchante qu'elle a pu attendrir jusqu'aux critiques le moins habituellement séduits par le talent de M. Delaroche — la *Jeune Martyre* — prouve que cette intelligence amie du fait savait aussi s'assouplir aux conditions mystérieuses de la poésie. M. Delaroche ne cherchait autrefois l'effet dramatique que dans la mise en scène de ses héros, dans le geste, dans la vraisemblance historique, dans l'action humaine en un mot. Quelle que fût d'ailleurs l'habileté de son pinceau, il tirait surtout son éloquence de sa véracité ; l'imagination pittoresque proprement dite, l'art de donner au sujet une signification puissante par l'ombre et par la lumière, avaient d'ordinaire une part moindre dans ses travaux que la science des combinaisons positives. Ici, au contraire, l'impression résulte d'éléments en quelque sorte immatériels. La jeune victime dont le corps à demi voilé par les eaux flotte sous la douce lueur qui voltige autour de la tête, le ciel d'où le jour achève de s'enfuir, les lignes presque insaisissables du paysage, tout a dans l'aspect quelque chose de muet comme la mort, de furtif comme une vision ; tout respire je ne sais quel charme navrant que l'âme savoure, mais qui ne s'analyse pas. Ailleurs, et dans un tout autre ordre de sujets, les progrès de M. Delaroche ne sont pas moins sensibles, à n'envisager même ses derniers ouvrages qu'au point de vue de ce que l'on est convenu d'appeler, faute d'un mot plus juste, la science du clair-obscur. La *Mort du duc de Guise*, serait à notre avis, le chef-d'œuvre de l'artiste dans le genre historique, si le tableau des *Girondins*, qu'il signa peu de mois avant de mourir, ne se recommandait par une exécution plus savante encore et par un sentiment plus fin de l'effet. Enfin une série de compositions sur les derniers épisodes de la Passion, ou plutôt sur les douleurs de la Vierge pendant la semaine sainte, compositions profondément pathétiques, absolument neuves quant à l'ordonnance et aux moments choisis, ne laissera certes plus à personne le droit de refuser à M. Delaroche ce que plusieurs de ses tableaux précédents permettaient peut-être de lui contester dans une certaine mesure — l'aptitude à traiter les sujets religieux. N'eût-il peint que ces quatre petites toiles — l'*Ensevelissement du Christ, la Vierge chez les saintes femmes*, le *Retour du Golgotha* et *la Vierge en contemplation* — M. Delaroche mériterait l'une des premières places dans l'histoire de notre école contemporaine ; car de telles œuvres ne peuvent sortir que de la pensée et de la main d'un maître. Faut-il ajouter qu'elles résument aussi les souffrances d'une âme cruellement éprouvée, et que ce maître n'aurait pas trouvé le secret de nous émouvoir aussi sûrement s'il n'avait connu lui-même les angoisses que devait traduire son pinceau? L'hésitation nous est permise. Depuis la mort de M. Delaroche, on s'est trop efforcé de soulever le voile dont il avait enveloppé sa vie ; on a, moins discrètement qu'il ne convenait peut-être, parlé du deuil qu'il portait dans son cœur, et, sous prétexte d'honorer sa foi religieuse, on a voulu en examiner les causes de trop près. A Dieu ne plaise que nous prétendions à notre tour commenter des faits qui n'appartiennent pas au public! Qu'il nous suffise de dire que si la douleur acheva de convaincre M. Delaroche, elle le trouva du moins bien préparé à ce dernier progrès, et que, sous son toit même, les saints exemples, les leçons d'une vie toute chrétienne avaient pu le renseigner et l'instruire longtemps avant le jour où le bonheur lui échappa.

M. Delaroche, quand la mort vint non pas le surprendre, — il la pressentait depuis quelque temps, — mais l'arracher au travail [1], M. Delaroche, mieux inspiré que jamais, terminait le tableau qui représente *la Vierge en contemplation* devant *la couronne d'épines* dans l'humble chambre où les disciples et les saintes femmes se sont réfugiés après avoir quitté le Calvaire. Ce tableau, le quatrième de la série [2], l'emporte sur les autres par l'énergie du sentiment et une expression de grandeur lugubre que le peintre ne devait si pleinement rencontrer qu'à cette heure suprême. Noble testament à tous égards qu'un pareil ouvrage! Heureuse fin et bien digne d'une telle vie que cette mort au sein de l'art, des efforts généreux et des hautes pensées! On a plus d'une fois accusé l'isolement systématique où M. Delaroche vivait depuis quelques années : qui oserait le lui reprocher aujourd'hui, puisqu'en s'éloignant de l'arène publique il a pris d'autant mieux possession de lui-même et d'autant mieux usé de son talent? Sans préoccupation de rivalité, sans ambition du succès actuel, il a voulu scruter à fond sa conscience d'artiste. Il s'est révélé tout entier dans ces œuvres où il se confiait à l'avenir, comme ces hommes qui, écrivant leurs mémoires en vue de la postérité, disent sans réticence ce qu'ils ont vu ou senti, et ne s'appliquent qu'à être sincères.

Un moment vint cependant où M. Delaroche n'hésita pas à se départir de ses habitudes de recueillement et à rentrer dans la vie active, non dans un intérêt personnel, mais pour soutenir des intérêts qui ne trouvaient alors que de rares défenseurs. On sait la triste condition qu'avait faite aux arts en particulier et aux artistes la révolution de 1848. Qui ne se rappelle aussi l'affligeant spectacle que donnèrent coup sur coup un salon où l'on avait admis sans contrôle toutes les toiles présentées et certaine exposition au Palais des Beaux-Arts des résultats du concours pour la figure officielle de *la République?* Quelques mois encore d'un pareil régime, et l'école française s'abîmait dans la confusion. L'un des premiers, et plus activement que personne, M. Delaroche entreprit de lutter contre le débordement d'idées fausses, de rancunes ou de convoitises qui menaçait de tout envahir. Assemblées de peintres réunis sous sa présidence, commissions instituées pour réglementer les expositions et le reste, démarches même auprès d'hommes dont il était bien loin de partager les opinions, et qu'il conseillait sans vouloir les servir, rien ne lui parut en dehors du rôle dont il s'était chargé; rien ne put décourager ni son dévouement à la cause de l'art, ni sa résistance aux étranges utopies qui essayaient alors de faire fortune. Quelques lignes d'une lettre écrite par lui au plus fort de la lutte montreront comment il comprenait ses devoirs, et avec quelle résignation douloureuse il acceptait la situation que les événements lui avaient imposée. « L'art, écrivait-il en 1848, est perdu pour longtemps en

1. M. Delaroche souffrait depuis plusieurs années d'un mal qui s'aggrava subitement vers la fin d'octobre 1856. Il succomba le 4 novembre.

2. Le premier, non dans l'ordre des sujets, mais en suivant l'ordre des époques où ils ont été traités, est cet *Ensevelissement du Christ* que M. Henriquel-Dupont a récemment gravé. Est-il besoin de rappeler à ce propos la longue et heureuse association de deux talents en parenté l'un avec l'autre? Chacun sait ce que le peintre et le graveur de l'*Hémicycle* et du *Strafford* ont gagné à s'entr'aider pendant près de trente ans. Toute proportion gardée entre les artistes, on peut dire que M. Henriquel-Dupont a fait quelquefois pour les œuvres de M. Delaroche ce que Gérard Audran avait fait pour les œuvres de Lebrun ; mais il faut dire aussi que, sans les exemples et les conseils de M. Delaroche, le burin du graveur n'aurait peut-être été ni si fécond ni si complètement habile.

France, et si le gouvernement actuel m'offrait des travaux, je suis dans une position à les refuser, par sympathie pour les misères de mes camarades [1]. Si j'avais l'âme moins inquiète, si j'étais capable de m'absorber au milieu de ces émotions révolutionnaires, si enfin j'entrevoyais la possibilité de produire... Mais vous me connaissez, mon ami, et vous savez depuis longtemps avec quelle ardeur j'accepte tout ce qui peut briser le cœur. Trouverai-je assez d'indifférence aujourd'hui pour travailler avec fruit? Depuis bientôt trois ans j'ai beaucoup souffert, et ma douleur n'a pas augmenté mon énergie. Cependant il faut agir... » Et M. Delaroche agissait avec d'autant plus de zèle, que le nombre et les souffrances de ceux qui comptaient sur lui s'accroissaient de jour en jour. Les choses même en arrivèrent à ce point que, sans discontinuer ses efforts pour défendre les intérêts qui lui étaient confiés, il dut songer à se préparer des ressources pour lui-même aussitôt que le sort de ses confrères lui paraîtrait moins ouvertement compromis. « Je ne veux pas me soustraire aux devoirs qui résultent aujourd'hui de ma position, écrivait-il dans une lettre qui suivit d'assez près celle que nous avons citée; mais si je continue à habiter Paris, il me sera impossible de travailler, accablé comme je le serai de commissions, de sollicitations et de démarches à faire pour tous mes camarades et mes élèves. Quel parti prendre? Et cependant il faut que je me détermine à quelque chose. Ma fortune est à peu près renversée. J'ai cinquante et un ans, mes enfants sont encore bien jeunes et ils n'ont que moi; il faut donc que je trouve moyen de terminer leur éducation et d'assurer leur avenir. Les uns me disent : « Allez aux États-Unis, c'est un pays neuf, et à l'aide de votre nom vous y ferez fortune. » Les autres veulent que j'aille en Russie, où tout le monde m'attend, à commencer par l'empereur. Quant à l'Angleterre, on prétend que mon nom est en odeur de sainteté dans ce pays, et que j'y gagnerai tout ce que je voudrai. Faut-il aller au plus près, faut-il aller jusqu'à Saint-Pétersbourg, ou bien enfin vaudrait-il mieux essayer des États-Unis? Je serais bien vite décidé, si un bon ami comme vous me disait : « Nous irons ensemble tenter fortune, nous ne nous quitterons pas. » Mais vous n'êtes pas libre, et je suis seul, bien seul, pour tout le reste de ma triste vie. Je vais essayer de vivre encore quelque temps à l'aventure, et de refouler au fond de mon cœur toutes ces pensées qui l'étouffent... »

De meilleurs jours succédèrent enfin à ces jours d'orage. M. Delaroche, après avoir quitté momentanément la France, put retrouver à Paris le calme nécessaire à ses travaux et cette solitude profitable dans laquelle son talent allait se développer encore et donner, nous l'avons dit, toute sa mesure. Que l'on ne se méprenne pas toutefois sur les conséquences de cet isolement volontaire. La retraite sévère que M. Delaroche s'imposait aux heures du travail, il n'hésitait pas à en sortir, soit pour

1. Bien peu après, ces travaux furent en effet proposés à M. Delaroche. Il fut noblement en face de l'administration l'engagement qu'il avait pris dans ses confidences intimes. Nous transcrivons les termes de sa réponse : « ...... Quant au projet de décoration des Invalides, du Palais de Justice et des salles du Louvre, cela me paraît une folie.... Permettez-moi de vous dire qu'il ne vous est pas permis de penser à quelques-uns alors que tous les artistes meurent de faim. Plus tard, ce sera peut-être possible; aujourd'hui ce serait insensé. Dans tous les cas, je suis décidé à refuser ce qu'on voudrait bien m'offrir. Ma situation m'en fait un devoir, et j'y obéirai en souvenir de ce qui s'est passé pour moi en 1830. Alors, MM. Gérard, Gros, Guérin, se sont effacés pour nous aider à arriver. Je ne puis mieux faire que de tâcher de les imiter. ».

aider de ses conseils ou de son crédit les artistes qui recouraient à lui, soit pour accueillir, comme autrefois Gérard, les hôtes nombreux que lui attiraient sa réputation et ses habitudes honorables. Un irréparable vide se faisait sentir sans doute dans ce salon où M. Delaroche était seul maintenant à recevoir ses amis. Ceux qui y avaient été admis en des temps plus heureux gardaient au fond du cœur la fidélité à des souvenirs bien chers, à une mémoire bien pieusement vénérée ; mais ce culte du passé, tout en assombrissant le présent, perpétuait encore autour de M. Delaroche certaines traditions d'urbanité et de réserve qu'il était d'ailleurs mieux que personne en mesure de faire respecter. Qui sait même? Peut-être la dignité de ses manières a-t-elle de temps à autre donné le change sur ses dispositions véritables ; peut-être sa politesse un peu grave, sa bienveillance réelle, mais sans sourire, ne laissaient-elles pas d'abuser les gens qui l'abordaient pour la première fois, en leur faisant soupçonner quelque roideur là où il n'y avait qu'attitude prudente. Tous ceux qui ont vécu dans la familiarité de M. Delaroche savent quelle facilité d'humeur, quelle amabilité vraie se cachaient sous cette apparente froideur. Ils savent surtout, et ils n'oublieront pas que, cœur honnête dans la plus sérieuse acception du mot, il ne reprenait rien de ce qu'il avait une fois donné, et que l'on pouvait en toute sûreté se fier dans le commerce de la vie à son amitié, comme dans les affaires à sa parole. Mais c'est assez parler du caractère privé de M. Delaroche. Si nous insistions davantage sur ce point, nos hommages mêmes pourraient presque dégénérer en indiscrétions ; notre profonde gratitude envers l'homme ne doit pas nous laisser oublier que c'est surtout le talent de l'artiste qu'il convient d'honorer ici.

En esquissant l'histoire de ce talent, nous avons omis toute une série d'œuvres où il se manifeste pourtant avec une autorité égale à celle qui lui appartient ailleurs. Les nombreux portraits peints par M. Delaroche, les portraits plus nombreux encore qu'il a dessinés aux trois crayons, méritent au moins d'être mentionnés comme spécimens importants de son habileté ; seulement on ne saurait faire ressortir le mérite des travaux qu'il a laissés en ce genre sans répéter ce qui a déjà été dit à propos de ses autres travaux. Comme peintre de portrait, M. Delaroche est en effet tel qu'il nous apparaît comme peintre d'histoire. Cette finesse dans les intentions, cette adresse à s'emparer du fait au profit de la vérité morale, tout, jusqu'à ce goût de l'exactitude un peu minutieux parfois, se retrouve dans les ouvrages où il n'avait à retracer qu'une figure isolée aussi bien que dans la représentation des scènes compliquées. Ajoutons, comme un trait de ressemblance de plus, que les perfectionnements successifs de sa manière, si sensibles lorsqu'on étudie ses tableaux, ne se montrent pas avec moins d'évidence lorsqu'on examine son œuvre de *portraitiste*. L'inégalité de mérite est déjà grande entre le portrait de *M. de Pastoret* peint en 1829 et le portrait de *M. Guizot* peint dix ans plus tard ; mais le progrès est plus marqué encore dans les toiles qui suivirent, dans les portraits entre autres de *M. de Rémusat*, de *M. le duc de Noailles*, du *prince Adam Czartoryski*, de *M. de Salvandy* et de *M. Thiers*. Enfin, de même que *les Girondins*, achevés dans l'avant-dernière année de sa vie, peuvent être considérés comme le plus complet de ses tableaux d'histoire ; de même que les scènes de l'*Histoire de la Vierge*, ouvrages plus récents encore, l'emportent à tous égards sur ses autres compositions religieuses —

7

l'un des derniers portraits qu'ait signés M. Delaroche, le portrait de M. *Émile Péreire*, est peut-être celui qui exprime le mieux les qualités du maître en ce genre spécial[1].

Ainsi, quels qu'aient pu être les thèmes proposés à ce talent, quelques difficultés qu'il ait eu à vaincre, on le voit, à mesure qu'il avance en âge, se développer et s'affermir. Combien d'autres, brillants au début, se sont éteints avec la jeunesse ou dissipés en productions faciles, en fantaisies sans portée! Combien d'artistes contemporains dont la vie se résumerait tout entière dans l'histoire de leurs premières années! M. Delaroche est une noble exception à ces talents usés dès l'origine ou exploités au jour le jour. Il a connu le succès de bonne heure; mais le succès n'a pas plus épuisé ses forces que trompé sa raison. Au lieu de se fier aux applaudissements et de se croire arrivé alors qu'il n'était qu'en marche, il a exigé d'autant plus de lui-même que l'opinion le traitait avec plus de faveur; au lieu de spéculer sur la réputation acquise, il s'est comporté toujours comme s'il avait à se faire un nom. Modestie ou courage, une pareille façon d'agir n'est guère dans les mœurs actuelles, et ce n'est pas en général à ce zèle du progrès que l'école a coutume de limiter son ambition. Puisse la leçon n'être pas perdue pour elle, et l'exemple de M. Delaroche la détourner des jactances de pinceau et des appétits vulgaires! Quant aux peintres formés sous les regards mêmes du maître, si aucun d'eux jusqu'à présent ne semble en mesure de le remplacer, si nul n'a hérité de lui le renom et l'autorité nécessaires, il leur appartient du moins à tous de continuer ces traditions de sincérité dans le travail, de recherche studieuse auxquelles ils ont été directement initiés. M. Delaroche d'ailleurs pouvait-il leur léguer rien de plus? A-t-il créé dans le sens exact du mot une école, c'est-à-dire un ensemble de talents procédant exclusivement de lui et reliés entre eux par la communauté des doctrines? Citer les noms de ses élèves les plus distingués, ce sera répondre à cette question. M. Hébert et M. Gendron, M. Cavelier le sculpteur et M. Gérôme; MM. Yvon, Roux, Jalabert, Haussoullier, Édouard Dubufe, Hamon, Antigna, Landelle, d'autres encore — sans parler de M. Couture, qui, moins que pas un assurément, trahit son origine — montrent assez la diversité des talents, issus de l'atelier de M. Delaroche. Le seul trait de ressemblance qu'offrent la plupart d'entre eux, c'est une expression de goût ingénieux et de tendances presque littéraires. En dehors de ces inclinations où survit quelque chose de son propre sentiment, M. Delaroche ne leur a pas transmis et n'a pas même cherché à leur transmettre sa manière, parce que

---

1. Les beaux portraits peints par M. Delaroche qui figuraient, l'année dernière, à l'Exposition ouverte au palais des Beaux-Arts, ont été pour beaucoup dans l'éclatant succès qu'a obtenu cette exposition posthume. En même temps que l'admiration, une sorte de surprise générale a accueilli ces preuves d'un talent dont les témoignages publics en ce genre avaient été jusque-là rares ou peu concluants. Depuis le commencement de sa carrière, M. Delaroche n'avait envoyé aux salons annuels que deux portraits, le portrait du *Duc d'Angoulême*, exposé en 1827, et celui de *Mlle Sontag*, exposé en 1831. Dix années environ s'écoulèrent durant lesquelles, à peu d'exceptions près, l'habileté de M. Delaroche comme *portraitiste* ne se manifesta que dans des dessins à la mine de plomb ou aux trois crayons, qu'il exécutait d'après ses amis; mais dans le cours des années suivantes, nombre de personnages considérables à divers titres sollicitèrent et obtinrent la faveur d'être peints par lui. Souvent aussi M. Delaroche, qui avait à cœur de compléter autant que possible cette galerie des hommes les plus éminents de notre époque, choisissait lui-même ses modèles et leur faisait hommage de son travail. Vers la fin de sa vie, il songeait à grouper sur une même toile Chateaubriand, Béranger, Lamennais et M. de Lamartine : idée un peu étrange au premier abord, et, en tout cas, tâche difficile, mais dont M. Delaroche avec sa sagacité et son tact habituels, eût été, mieux que personne, en mesure de s'acquitter.

cette manière était au fond toute personnelle. Elle participait des progrès successifs de l'intelligence, des conquêtes journalières, autant pour le moins que d'un système d'exécution une fois adopté. Le moyen de prescrire avec une entière certitude ce que l'on est soi-même en train de découvrir ou d'expérimenter? On conçoit qu'un artiste pour qui il n'existe qu'une sorte de beau, un maître convaincu de bonne heure comme M. Ingres, n'hésite pas dans ses enseignements et impose à ses élèves telle méthode fixe, tel mode d'expression uniforme. M. Delaroche, dont la vie tout entière a été consacrée aux comparaisons et à l'étude, dont tous les efforts ont tendu à maintenir dans un sage équilibre les divers moyens de l'art et ses propres facultés, M. Delaroche était lui-même trop ambitieux de progrès pour se fier pleinement à son expérience et dicter, à titre de règles invariables, des principes qu'il travaillait sans cesse à améliorer.

Le peintre du *duc de Guise*, de l'*Hémicycle*, des *Girondins*, de *la Jeune Martyre* et des quatre sujets de l'*Histoire de la Vierge*, reste donc jusqu'à un certain point isolé des artistes venus après lui aussi bien que des artistes ses contemporains. Je m'explique : les plus considérables de ceux-ci ont pu, à un moment donné, exercer sur son talent une véritable influence et le renseigner utilement dans des sens fort différents. On a vu que les débuts de M. Delacroix ne furent pas à cet égard sans autorité, et quoi qu'aient essayé, soit dit en passant, amis ou ennemis pour envenimer ensuite l'espèce d'antagonisme né des premiers succès, jamais M. Delaroche ne marchanda au mérite du rival qu'on lui opposait un peu amèrement les justes éloges et la sympathie ouverte. Plus tard il s'aida des exemples de M. Ingres pour donner à son style des formes plus sévères. Ni M. Ingres, ni M. Delacroix cependant n'ont absolument modifié sa méthode d'exécution, encore moins dénaturé son sentiment. Les perfectionnements successifs de sa manière, il les a dus surtout à lui-même, à l'expérience personnelle, aux longues méditations. Est-ce à dire que M. Delaroche se soit tenu si fort à part de ce qui se passait autour de lui, qu'il semble comme dépaysé dans notre école et dans notre siècle? Rien ne serait moins conforme à la vérité. Aucun peintre au contraire, — il faut le répéter, — n'exprime avec plus de fidélité les tendances générales et les aspirations au milieu desquelles il a vécu. Ses œuvres résument clairement le mouvement d'idées qui s'est accompli en France depuis trente ans, et les coutumes d'esprit, les goûts de la majorité. C'est par là que ce nom vivra et qu'il figurera l'un des premiers dans l'histoire de l'art au xixᵉ siècle, quelles que puissent être d'ailleurs les sympathies ou les sévérités que l'avenir réserve à notre époque. En dehors de ce zèle infatigable avec lequel il a travaillé jusqu'au dernier jour à augmenter ses propres ressources, l'honneur de M. Delaroche est d'avoir su s'identifier plus intimement que personne avec les besoins intellectuels de son temps, sans concessions excessives toutefois, sans parti pris de complaisance ni d'abnégation aveugle. Quoi de plus explicable dès lors, quoi de plus légitime que la popularité de son talent, popularité tout exceptionnelle, et que n'ont pas à beaucoup près obtenue d'autres talents aussi élevés peut-être, mais qui semblent moins que celui-là venus au moment opportun et dans leur exact milieu?

HENRI DELABORDE.

PORTRAIT DE PAUL DELAROCHE

Dessin aux deux crayons. — H. 0.30. — L. 0,23.

PAUL DELAROCHE, né à Paris le 17 juillet 1797, mort à Paris le 4 novembre 1856.

Chevalier de la Légion d'honneur, 23 avril 1828 ; Membre de l'Institut, 3 novembre 1832 ; Professeur de l'École des Beaux-Arts, 15 octobre 1833 ; Officier de la Légion d'honneur, 1er mai 1834 ; Membre de l'Académie de Milan, 25 avril 1839 ; Membre de l'Académie de Prusse, 13 mars 1841 ; Chevalier de l'Ordre de Faucon-Blanc de Weimar, 2 novembre 1842 ; Membre de l'Académie de Vienne, 26 juin 1843 ; Membre de l'Académie de Saint-Luc, 17 mars 1844 ; Membre de l'Académie d'Amsterdam, 2 février 1845 ; Membre de l'Académie de New-York, 1er juin 1845 ; Membre de l'Académie de Saint-Pétersbourg, 10 décembre 1845 ; Membre de l'Académie de Naples, 10 mars 1846 ; Membre de l'Académie de Belgique, 18 mars 1846 ; Membre du Conseil municipal de Paris, 8 septembre 1849 ; Chevalier de l'Ordre du Mérite de Prusse, 21 janvier 1850 ; Membre de l'Académie de Florence, 7 septembre 1851 ; Membre de l'Académie de Stockholm, 27 novembre 1852 ; Membre de l'Académie d'Écosse, 17 février 1854 ; Membre de l'Académie de Munich, 28 novembre 1855.

Ce portrait a été exécuté par Paul Delaroche en 1838 ; il était alors âgé de quarante et un ans.

Appartient à Mme Horace Vernet.

Gravé au burin par Aristide Louis, dans les dimensions de l'original.

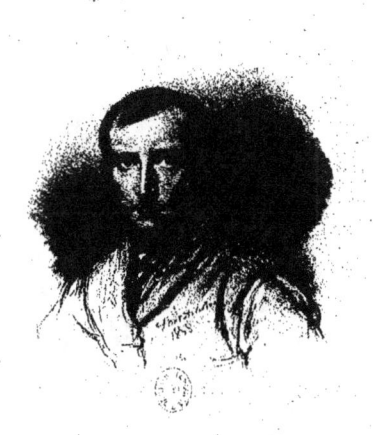

ATELIER DE PAUL DELAROCHE

Peint par Louis Roux.

Cette peinture reproduit fidèlement l'intérieur de l'atelier que Paul Delaroche habitait depuis 1836, rue de la Tour-des-Dames, et ou la mort vint le surprendre au milieu de ses travaux.

Les artistes qui figurent dans ce tableau avec P. Delaroche sont ceux dont il aimait à être entouré et qui travaillaient habituellement avec lui. — Ce sont : MM. Ch. Jalabert, L. Roux, Jourdan, Robert Fleury fils et M. Horace Delaroche.

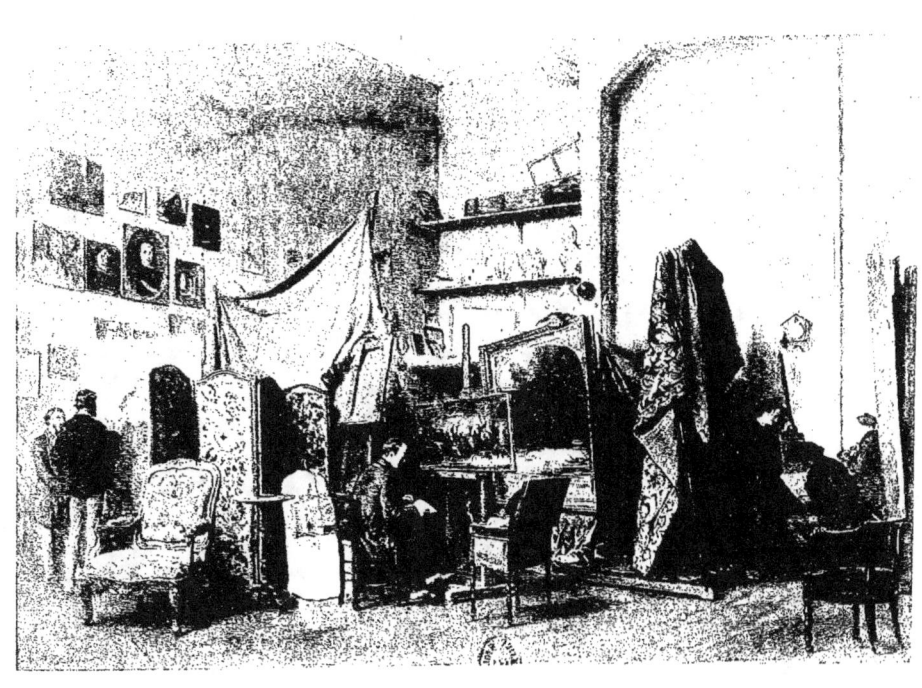

FILIPPO LIPPI

Toile. — H. 2,64. — L. 0,50. — Fig. de 0,35.

Filippo Lippi, chargé de peindre un tableau pour un couvent, devient amoureux
de la religieuse qui lui servait de modèle.

Ce tableau, peint en 1822, et signé Delaroche jeune, a été exposé au salon de 1824.
La figure de Filippo Lippi a été peinte d'après M. Roger, ami de Paul Delaroche, et l'un de ses camarades à
l'atelier de Gros.

Appartient à M. Demazure, de Bergues.

Gravé par S. W. Reynolds, manière noire. — H. 0,20. — L. 0,16. avec ce titre, Philippo Lippi.

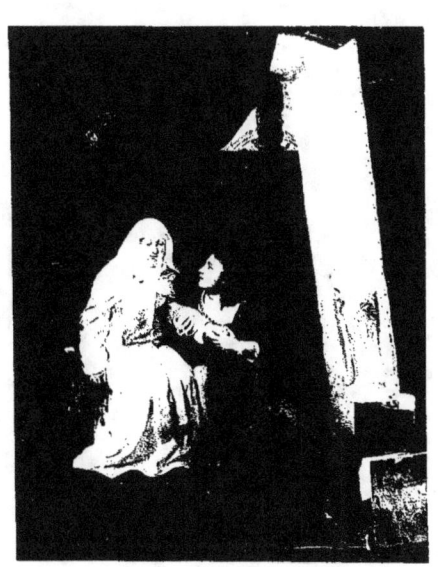

SAINT VINCENT DE PAUL

PRÊCHANT EN PRÉSENCE DE LA COUR DE LOUIS XIII POUR LES ENFANTS ABANDONNÉS

Toile. — H. 1,68. — L. 1,09. — Fig. de 0,60.

« Ils vivaient hier, grâce à vous; ils vivent encore aujourd'hui, mais ils mourront demain si vous les abandonnez. »

Peint en 1823, et signé Delaroche jeune, ce tableau commandé par M⁽ᵐᵉ⁾ la duchesse de Berry, a été exposé au lon de 1824. Paul Delaroche devait faire un pendant, la mort de Louis XIII, qui n'a pas été exécuté.

Ce tableau appartient à M. Bartholoni.

Gravé au burin, par Z. Prevost. — H. 0,48. — L. 0,34.
Lithographié par Lemoine. — H. 0,37: — L. 0,26.

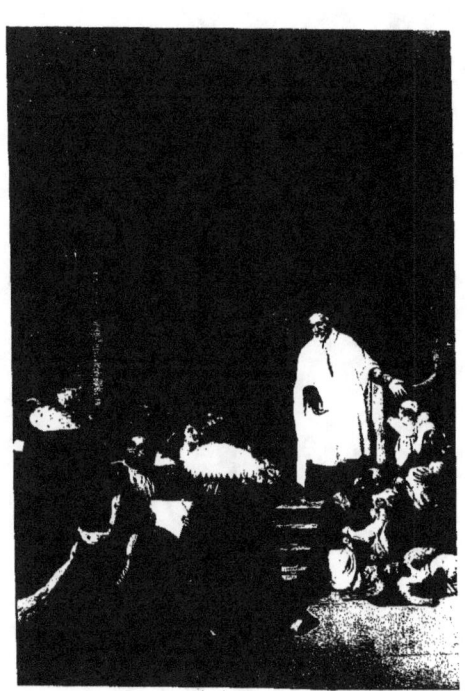

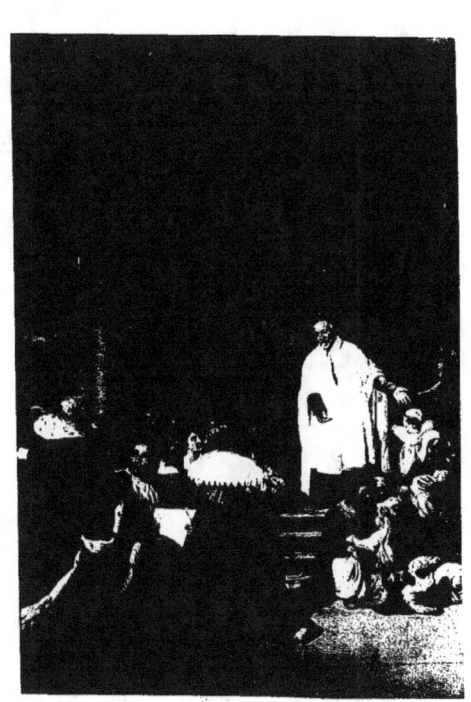

JEANNE D'ARC MALADE

EST INTERROGÉE DANS SA PRISON PAR LE CARDINAL DE WINCHESTER

Toile. — H. 3,76. — L. 2,18. — Fig. gr. nat.

Ce prélat, irrité de ses réponses, la menace des peines éternelles.

Peint en 1824 et signé Delaroche jeune, ce tableau a été exposé au salon de la même année.

M. Mainnemare, mort en 1842, possédait une esquisse peinte qui lui avait été donnée par Paul Delaroche.

Ce tableau appartient à M. le duc de Padoue.

Gravé par S. W. Reynolds, manière noire. — H. 0,46. — L. 0,37.

Une lithographie au trait exécutée par Paul Delaroche, a paru dans un compte-rendu du salon de 1824.
L'Artiste et le Philosophe, par Jal.

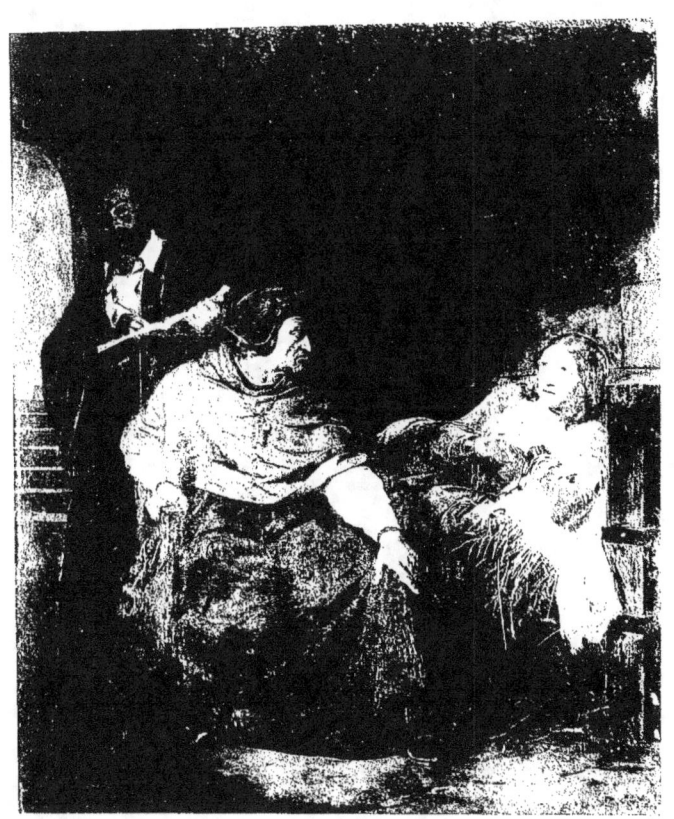

LES ENFANTS SURPRIS PAR L'ORAGE

Toile. — H. 0,74. — L. 0,60. — Fig. de 0,50.

Ce tableau, peint en 1825, est signé Delaroche jeune : il a été exposé à la salle Lebrun en 1828.

Appartient à Mme la princesse de Chimay.

Gravé en manière noire, par S. W. Reynolds. — H. 0,47. — L. 0,38.

Un fragment de cette composition a été gravé en manière noire, par Maile. — H. 0,23. — L. 0,18. Avec ce titre « Study After Delaroche. »

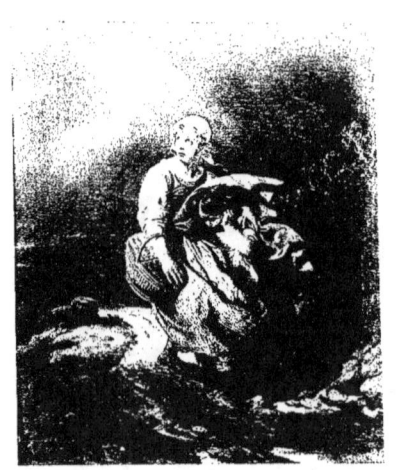

MISS MACDONALD

Toile. — H. 0,55. — L. 0,45. — Fig. de 0,27.

Elle porte des secours au dernier prétendant après la bataille de Culloden, livrée le 27 avril 1746.

Ce tableau peint en 1826, et signé P. Delaroche, a été exposé au salon de 1827.

Appartient à M. le duc de Larochefoucault.

Gravé par S. W. Reynolds et terminé par Sixdeniers. Manière noire, sous le titre de « Édouard en Écosse ».
H. 0,46. — L. 0,38.

Une autre gravure a été exécutée par Sixdeniers, en manière noire, avec ces titres : « Prince Edward in Scotland : Le Prince Édouard en Écosse. » — H. 0,30. — L. 0,24.

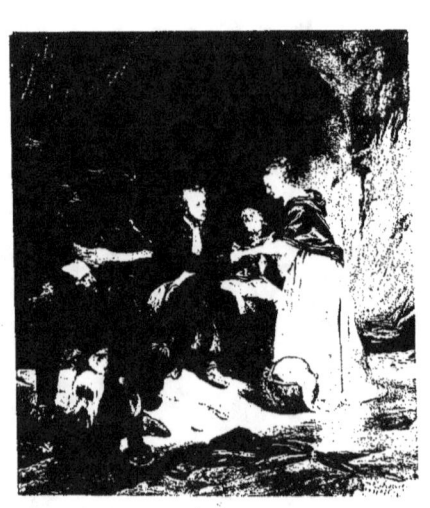

SCÈNE DE LA SAINT BARTHÉLEMY

Toile. — H. 1,28. — L. 0,97. — Fig. dem.-nat.

Le comte de Coconas vint dire à Caumont de La Force, caché avec ses deux enfants dans la maison du capitaine Martin, qui avait promis de lui sauver la vie moyennant une rançon, que le duc d'Anjou demandait à lui parler. La Force vit bien qu'on le menait à la mort ; il suivit Coconas en le priant d'épargner ses deux enfants innocents. On frappe d'abord le père de plusieurs coups de poignard ; dans le même moment, le fils aîné tombe percé de coups. Le plus jeune, qui par un miracle étonnant n'avait reçu aucune blessure, eut la présence d'esprit de s'écrier : « Je suis mort. » Un marqueur du jeu de paume du Verdelet voulut dépouiller le jeune Caumont : « Hélas! dit-il, en considérant le corps de cet enfant, si jeune encore que peut-il avoir fait? » Ces paroles de compassion engagèrent le petit Caumont de La Force à lever doucement la tête, et à lui dire tout bas : « Je ne suis pas encore mort. » Ce pauvre homme lui répondit : « Ne bougez pas, mon enfant, ayez patience! » etc.

La figure du marqueur du jeu de paume a été peinte d'après M. Jollivet, architecte, un des amis de Paul Delaroche.

Ce tableau, peint en 1826, a été exposé au salon de 1827.

Gravé au burin par H. Prudhomme. — H. 0,41. — L. 0,31. Ce tableau appartient au musée de Kœnisberg.

Une étude tirée de cette composition a été lithographiée par Jacquel, avec ce titre : « Silence! »

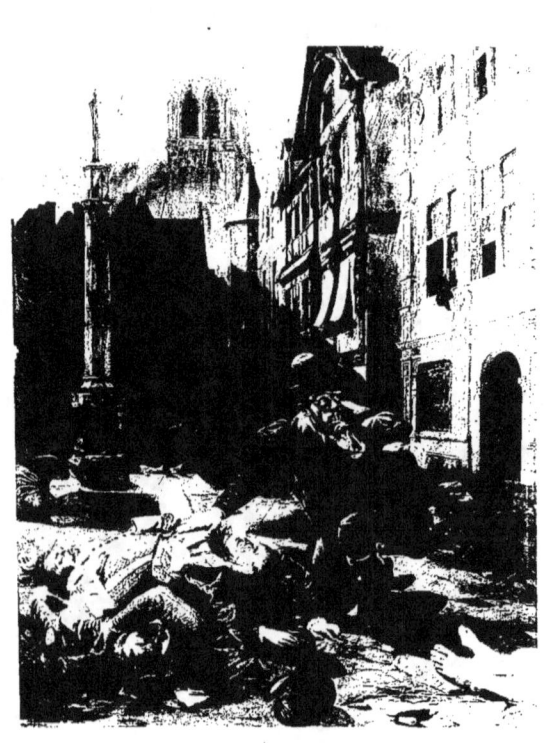

MORT D'ÉLISABETH, REINE D'ANGLETERRE

EN 1603

Toile. — H. 4,14. — L. 3,14. — Fig. plus gr. que nat.

« Élisabeth donna une bague à son favori, le comte d'Essex, à son retour de
« l'heureuse expédition de Cadix, en lui ordonnant de la garder comme un gage de sa
« tendresse, et en l'assurant que, dans quelque disgrâce qu'il pût tomber, s'il la
« représentait alors à ses yeux, elle serait favorable à sa justification. Lorsqu'il se vit
« jugé et condamné, il confia cet anneau à la comtesse de Nottingham, en la priant
« de le remettre à la reine. Le comte de Nottingham, ennemi déclaré du comte d'Essex,
« exigea de sa femme qu'elle n'exécutât point la commission dont elle s'était chargée.
« Élisabeth, qui attendait toujours que son favori lui rappellerait ses promesses par ce
« dernier moyen, pour l'émouvoir en sa faveur, fut décidée enfin, par le ressentiment et la
« politique, à signer l'ordre de l'exécution. La comtesse de Nottingham tomba malade,
« et sentant approcher sa fin, les remords d'une si grande infidélité la troublèrent : elle
« supplia la reine de venir la voir, et lui révéla ce fatal secret en implorant sa clémence.
« Élisabeth, saisie de surprise et de fureur, traita la comtesse mourante avec l'emportement
« le plus extrême, s'écriant que Dieu pouvait lui pardonner, mais qu'elle ne lui pardonnerait
« jamais. Elle sortit avec la rage dans le cœur, et s'abandonna dès ce moment à la plus
« profonde mélancolie; elle rejeta toute espèce de consolation, et refusa même de prendre
« des aliments ; elle se jeta par terre, y resta immobile, nourrissant ses regrets des
« réflexions les plus cruelles, et déclara que la vie n'était plus pour elle qu'un fardeau
« insupportable. Des cris étouffés, des gémissements, des soupirs, furent le seul langage
« qu'elle se permit. Elle passa ainsi dix jours et dix nuits étendue sur son tapis et
« appuyée sur des coussins que ses femmes lui apportèrent; ses médecins ne purent lui
« persuader de se mettre au lit, et encore moins d'essayer les secours de leur art.
« Sa fin parut prochaine. Le conseil s'assembla et députa le chancelier, l'amiral et le
« secrétaire d'État à cette reine, pour savoir ses intentions sur le choix de son
« successeur. Elle répondit, d'une voix défaillante, qu'ayant porté le sceptre des rois,
« elle voulait qu'un roi lui succédât. Cécil la pressa de s'expliquer plus positivement :
« Un roi me succédera, répliqua-t-elle, et ce ne peut être que mon plus proche
« parent, le roi d'Écosse. » L'archevêque de Canterbury l'exhorta ensuite à tourner ses
« pensées vers Dieu : « C'est ce que je fais, et mon âme cherche à s'unir à lui pour
« jamais. » Peu de temps après, sa voix s'éteignit, ses sens s'affaiblirent; elle tomba
« dans un assoupissement léthargique qui dura quelques heures, et elle expira doucement,
« sans aucun signe violent d'agonie, dans la soixante-dixième année de son âge et la
« quarante-cinquième de son règne.
  « On remarque le lord garde du sceau, le lord amiral, l'archevêque de Canterbury
« et le secrétaire d'État Cécil, qui est à genoux devant la reine. »

Ce tableau, peint en 1827, a été exposé au salon de la même année.
Paul Delaroche se proposait d'abord de traiter ce sujet en petit, et il le peignit d'abord sur une toile de trois
pieds : il donna cette ébauche à son ami M. Henri Delaborde.
En général, il est à remarquer que Paul Delaroche commençait ses tableaux dans des proportions ou dans des
formes différentes des formes et des proportions définitives.

Ce tableau appartient au musée du Luxembourg.

Gravé à l'aqua-tinta par Jazet. — H. 74. — L. 62.

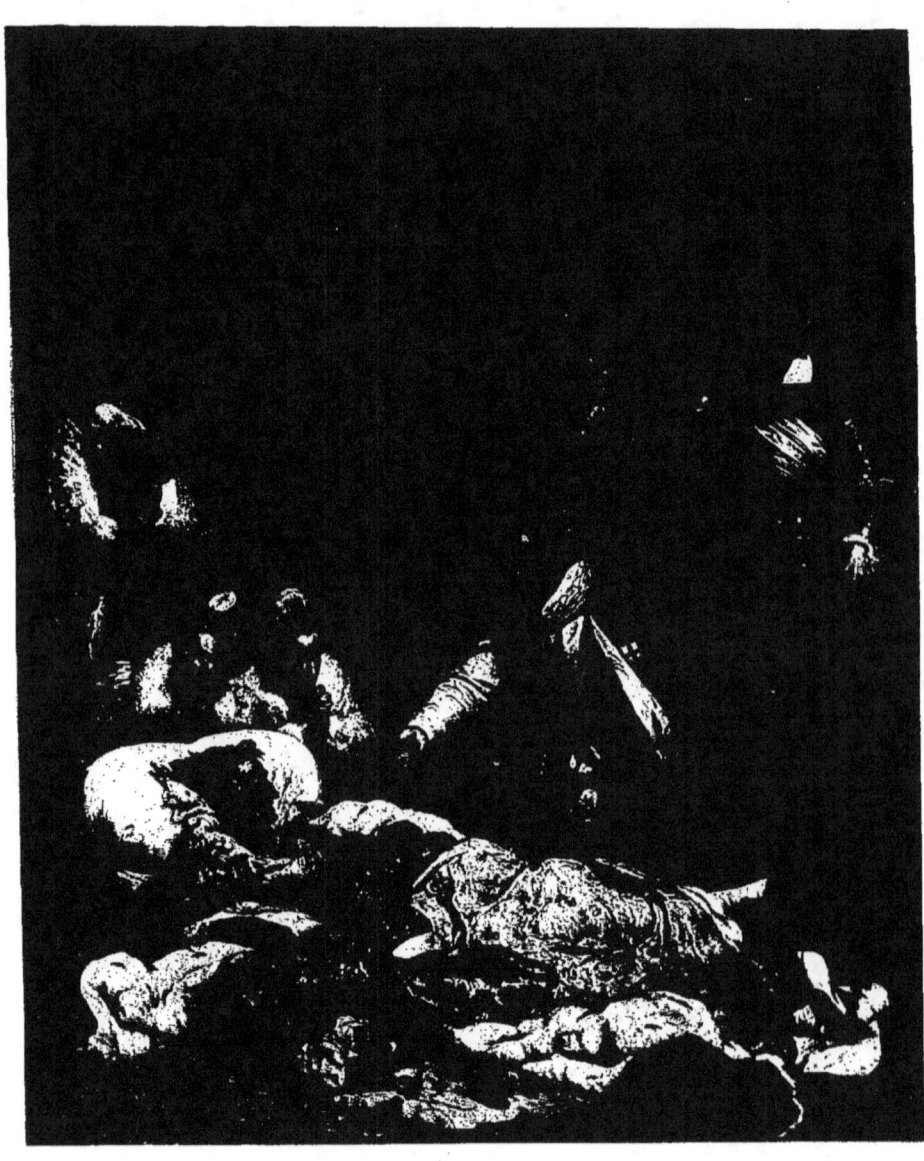

MORT DU PRÉSIDENT DURANTI

Toile. — H. 3,05. — L. 2,70 — Fig. plus gr. que nat.

Duranti, premier président du Parlement de Toulouse, fut opposé à la Ligue, tenta inutilement de calmer le peuple, sourdement agité à l'occasion de la mort du duc de Guise ; forcé de se réfugier dans un couvent avec sa femme et ses deux enfants, Duranti est découvert par la populace, qui, malgré l'opposition des moines, des prêtres et de sa famille, l'entraîne hors du couvent et l'assassine.

Peint en 1827, ce tableau, placé dans la galerie du conseil d'État au Louvre, fit ainsi partie de l'Exposition de cette année et des années suivantes.

Appartient au conseil d'État.

Paul Delaroche fit une réduction de ce tableau qu'il donna à M. Cuchelet, secrétaire des commandements de Mⁿᵉ la duchesse de Berry.
La gravure commencée par Alfred Johannot, qui l'abandonna pour se livrer à la peinture, a été terminée par P. Peléc.

Gravé au burin par P. Peléc. — H. 0,51. — L. 0,11.

Six têtes d'études tirées de cette composition ont été lithographiées par Béranger et Duriez.

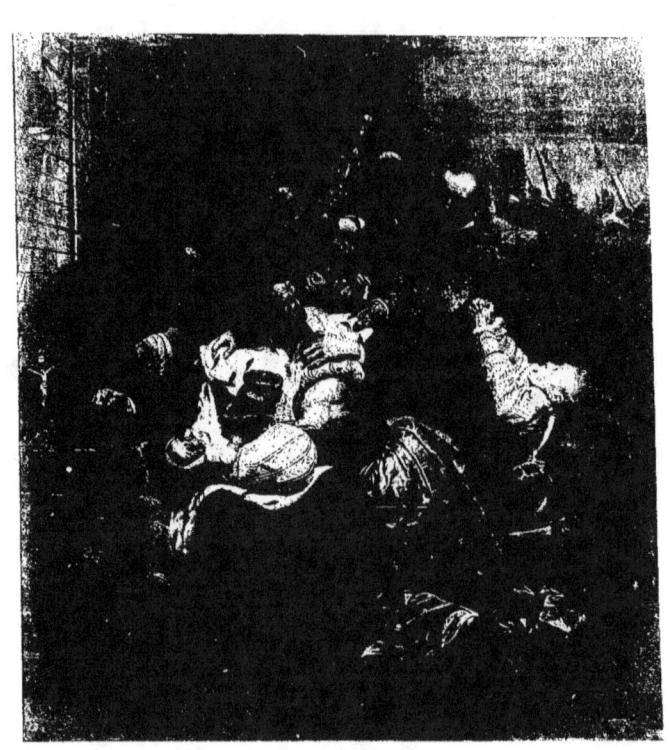

RICHELIEU

Toile. — H. 0,57. — L. 1,00. — Fig. de 0,24.

Le cardinal de Richelieu, affaibli par la maladie qui le conduisit au tombeau, remonte le Rhône de Tarascon à Lyon, traînant à sa suite, dans un bateau attaché au sien, Cinq-Mars et de Thou qu'il veut conduire lui-même à Lyon pour les faire décapiter.

(VOLTAIRE. *Essai sur les Mœurs.*)

Ce tableau, peint en 1829 a été exposé au salon de 1831.

Payé 1,500 francs par M. le comte de Pourtalès-Gorgier, qui en a refusé 10,000, ce tableau appartient aujourd'hui à ses héritiers.

Gravé en manière noire par François Girard. — H. 0,57. — L. 0,97.
Gravé à l'aqua-tinta par Gautier. — H. 0,35. — L. 0,60.
Lithographié en croquis par Eugène Lami. — H. 0,7. — L. 0,13. et publié dans le journal *l'Artiste.*

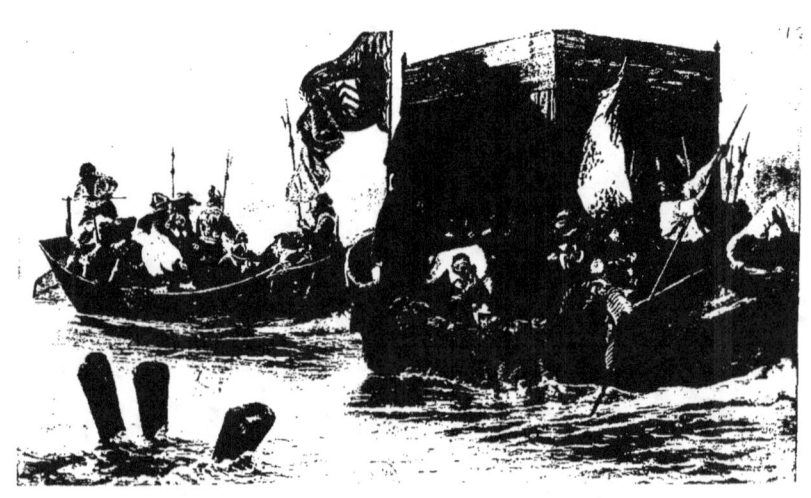

MAZARIN

Toile. — H. 0.57. — L. 1,00. — Fig. 0.24.

Au milieu d'un cercle nombreux et brillant de grands seigneurs et de dames de la cour, il se fait montrer les cartes par une de ses nièces, qui les tient pour lui à une table de jeu placée près de son lit.

(*Mémoires de* BRIENNE.)

Ce tableau, peint en 1830, a été exposé au salon de 1831. Paul Delaroche avait fait pour le Mazarin une petite esquisse qu'il donna à son ami, M. Maisonmare.

Payé 1,500 francs par M. le comte de Pourtalès-Gorgier, qui en a refusé 40,000, ce tableau appartient aujourd'hui à ses héritiers.

Gravé en manière noire par François Girard. — H. 0.57. - L. 0.97.
Gravé à l'aqua-tinta par Gautier. — H. 0.35. — L. 0.60.
Lithographié en croquis par Eugène Lami. — H. 0.7. — L. 0.13. et
publié dans le journal *l'Artiste*.

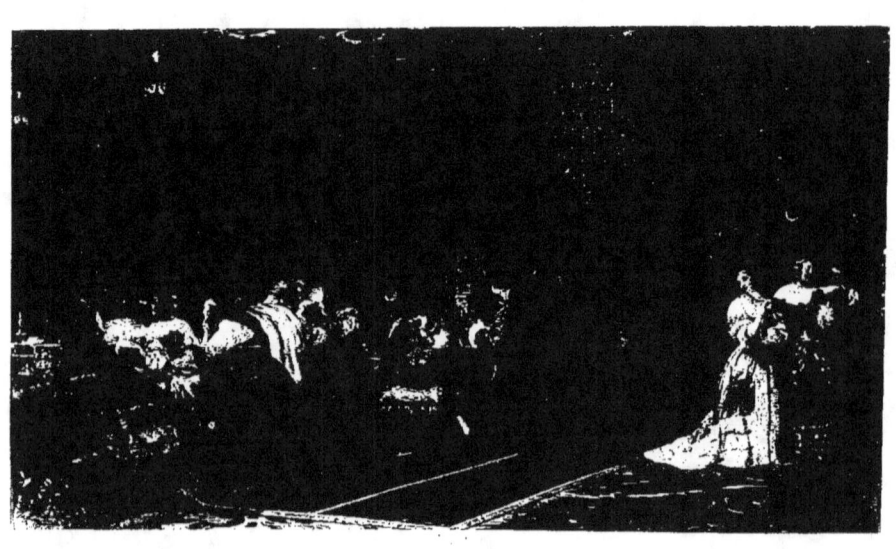

CROMWELL ET CHARLES Ier

Toile. — H. 2,25. — L. 2,92. — Fig. gr. nat.

Cromwell après la décapitation de Charles Ier, dont le cadavre avait été transporté dans les appartements du palais de White-Hall, soulève le couvercle du cercueil pour contempler les restes de ce prince.

CHATEAUBRIAND, *les Quatre Stuart.*

Avant de peindre son Cromwell, Paul Delaroche fit une maquette complète de toute la composition : figures, meubles, etc. Il modela en cire et avec beaucoup de soin la tête de Charles Ier, afin de mieux l'étudier en raccourci. Cette petite tête, haute de deux pouces à peu près, fut donnée par lui à M. le comte Horace de Viel-Castel, qui reçut aussi à la même époque un dessin au pastel de la tête de Cromwell.

Le premier croquis de cette tête a été donné à M. Labouchère.

Peint en 1831 et exposé au salon de la même année, ce tableau fut acheté 3,000 francs par l'État et donné au musée de Nîmes.

Gravé à l'aqua-tinta par Henriquel-Dupont, avec ce titre :
« Olivier Cromwell » (30 janvier 1649). — H. 0,31. — L. 0,40.

Une petite gravure exécutée à l'eau-forte en croquis, par Henriquel-Dupont, a paru dans les *Artistes contemporains :* Revue du salon de 1831-1833, par Ch. Lenormant.

Lithographié par Léon Noël. — H. 0,11. — L. 0,14. Pour *L'Artiste*, 1831, Tome I, page 276.
Lithographié (non signé). — H. 0,11. — L. 0,15. Avec ce titre : « Cromwell. » P. Delacroix (*sic*).
Galerie Durand-Ruel.

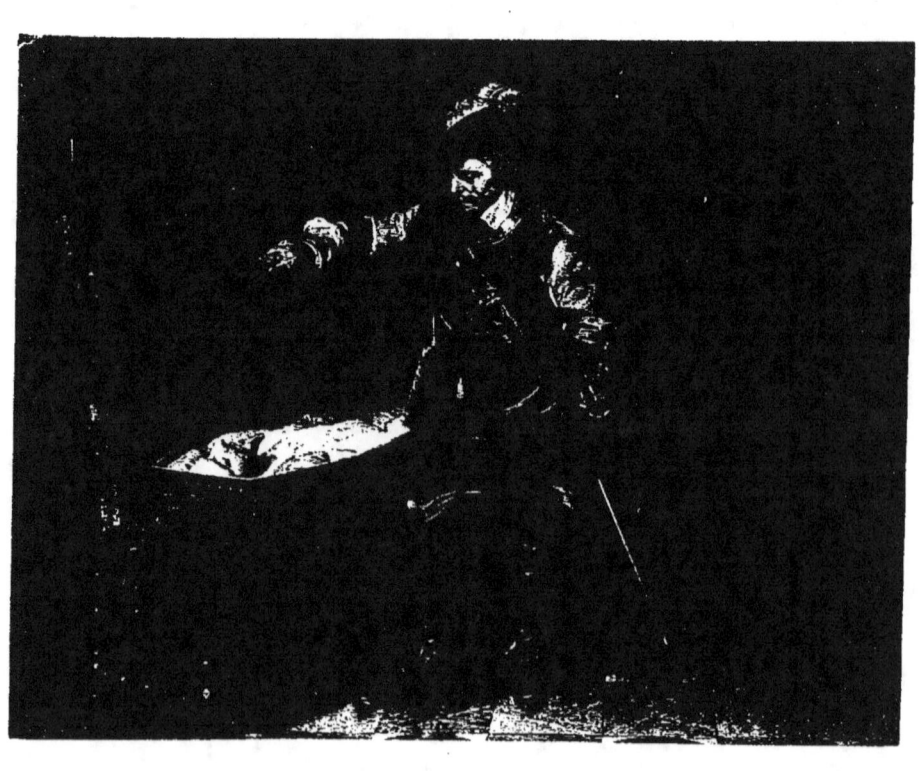

LES ENFANTS D'ÉDOUARD

Toile. — H. 1,78. — L. 2,14. — Fig. gr. nat.

Édouard V, roi mineur d'Angleterre, et Richard, duc d'York, son frère puîné, enfermés dans la Tour de Londres, furent étouffés par les ordres de Richard III, leur oncle, usurpateur de leurs droits.

Il existe un petit groupe en plâtre des deux enfants d'Édouard, modelé par Paul Delaroche. Cette maquette, qui appartient encore à sa famille, a été exécutée en 1828. La composition était primitivement en hauteur, et ce ne fut qu'après l'avoir ébauchée que Paul Delaroche se résolut à la traiter en largeur : il fit coudre soixante-cinq centimètres de toile environ de chaque côté.

Commandé par le ministre des travaux publics, ce tableau, terminé en 1831, exposé au salon de la même année, faisait partie du musée du Luxembourg et appartient aujourd'hui au musée du Louvre.

Gravé au burin par H. Prudhomme. — H. 0,43. — L. 0,51.
Lithographié par Léon Noël. — H. 0,11. — L. 0,13. Pour le journal *L'Artiste*, 1831. Tome Ier, pag. 187.

Deux têtes d'étude tirées de cette composition ont été lithographiées par Béranger.

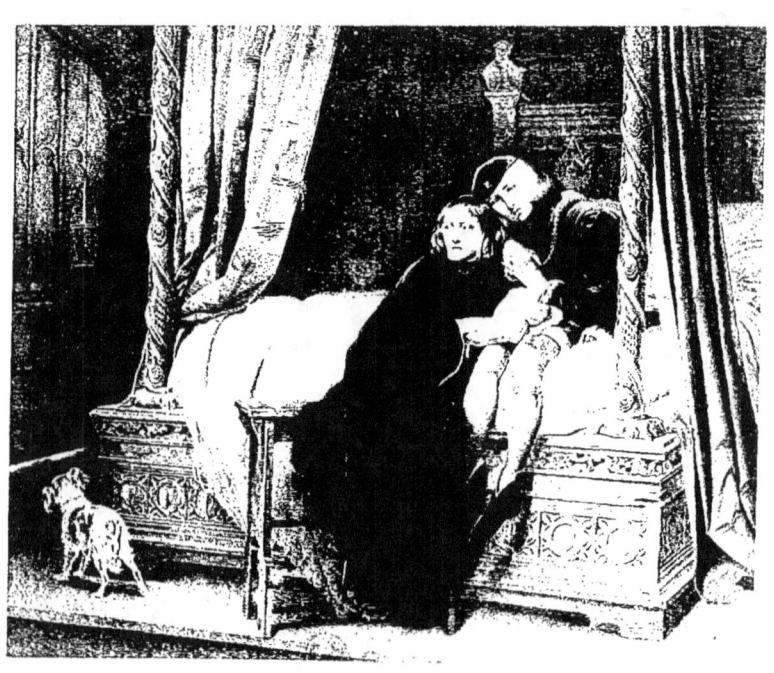

SAINTE AMÉLIE, REINE DE HONGRIE

Dessin au pastel. — H. 0,42. — L. 0,28.

Première pensée du vitrail, commandé par le roi Louis-Philippe pour l'oratoire de la reine et exécuté à la manufacture de Sèvres en 1831.

C'est ce dessin (signé, 1831), qui a servi à l'exécution du tableau de même dimension, exposé au salon de 1833, et qui se trouve aujourd'hui dans l'oratoire de la reine Marie-Amélie, à Claremont.

Appartient à M. A. Goupil.

Gravé au burin par Mercurj. — H. 0,19. — L. 0,13.
Lithographié par Raumheim. — H. 0,42 — L. 0,28.

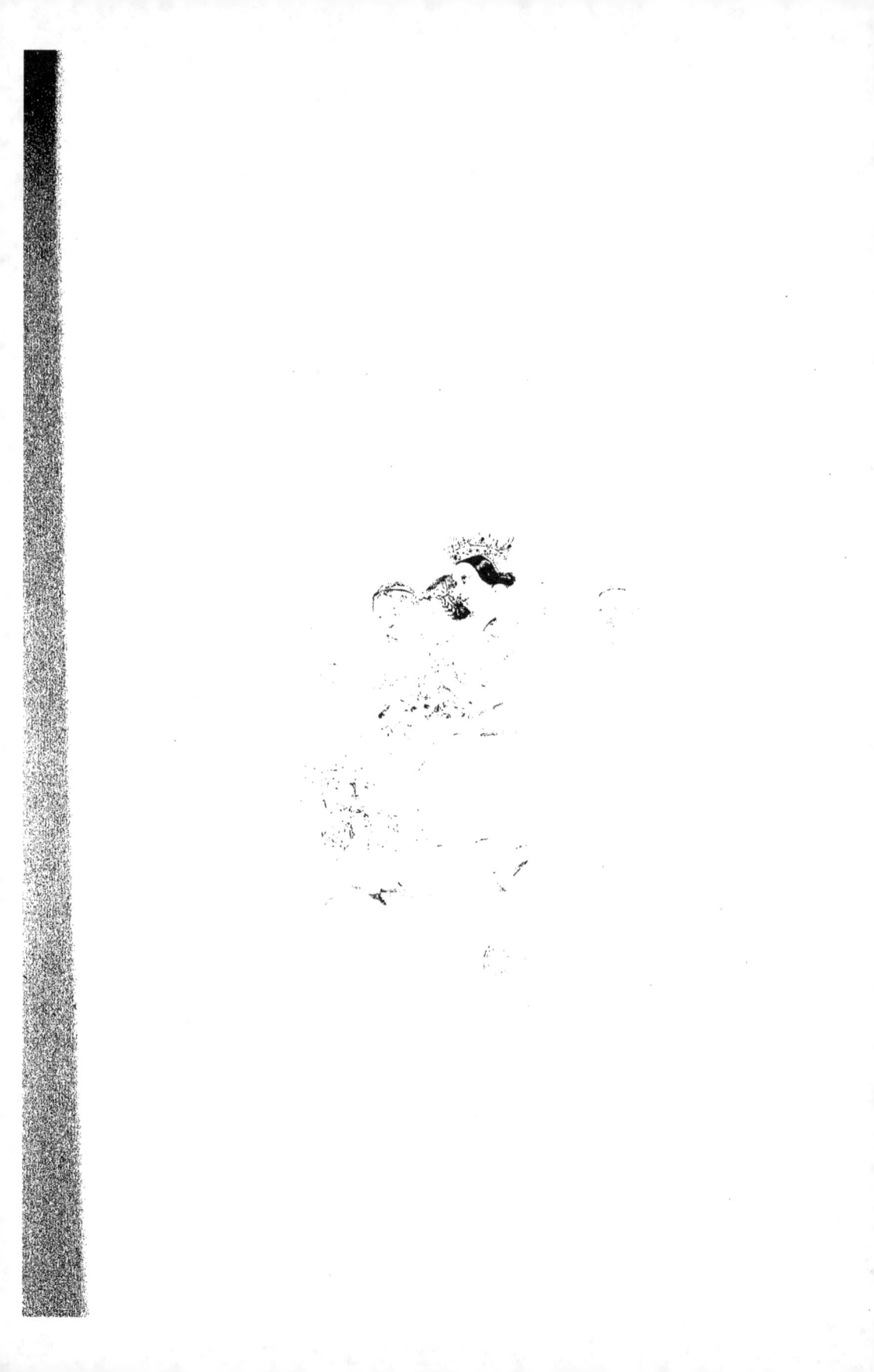

JANE GRAY

Toile. — H. 2,50. — L. 3,02. — Fig. gr. nat.

Jane Gray, qu'Édouard VI avait, par son testament, instituée héritière du trône d'Angleterre, fut, après un règne de neuf jours, emprisonnée par ordre de Marie, sa cousine, qui, six mois après, lui fit trancher la tête.

Jane Gray fut exécutée dans une salle basse de la Tour de Londres, à l'âge de dix-sept ans, le 12 février 1554.

« La noble dame, arrivée au lieu du supplice, se tourna vers deux siennes nobles « servantes, et se laissa desvestir par icelles. Sur cela le bourreau, se mettant à « genoux, luy requit humblement luy vouloir pardonner, ce qu'elle fit de bon cœur. « Les choses accoustrées, la jeune princesse s'étant jetée à genoux, et ayant la face « couverte, s'écria piteusement : Que feray-ci maintenant? Où est le bloqueau? Sur « cela Sir Bruge, qui ne l'avait pas quittée, lui mit la main dessus; Seigneur, dit-elle, « ie recommande mon esprit entre tes mains. Comme elle proférait ces parolles, le « bourreau ayant pris sa hache, luy coupa la teste. »

Martyrologe des Protestants, publié en 1588.

Ce tableau, peint en 1834 et exposé au salon de la même année, a été payé 8,000 francs par M. le comte Anatole Demidoff.

Paul Delaroche avait fait une aquarelle de cette composition : le bourreau était de profil, les bras croisés, et un grand glaive sous le bras. Mais il changea l'épée sur l'observation qu'on lui fit que les exécutions se pratiquaient alors au moyen d'une hache. On conserve encore, à la Tour de Londres, celle qui a servi à l'exécution de la reine Anne Boleyn, la même qui servit à décapiter le comte d'Essex, sous Élisabeth, et peut-être bien aussi Jane Gray, sous Marie la Catholique.

La gravure de ce tableau, commencée par Mercurij en 1834, a demandé plus de vingt années de travail, et n'a été terminée qu'en 1857. — Burin. — H. 0,29. — L. 0,36.

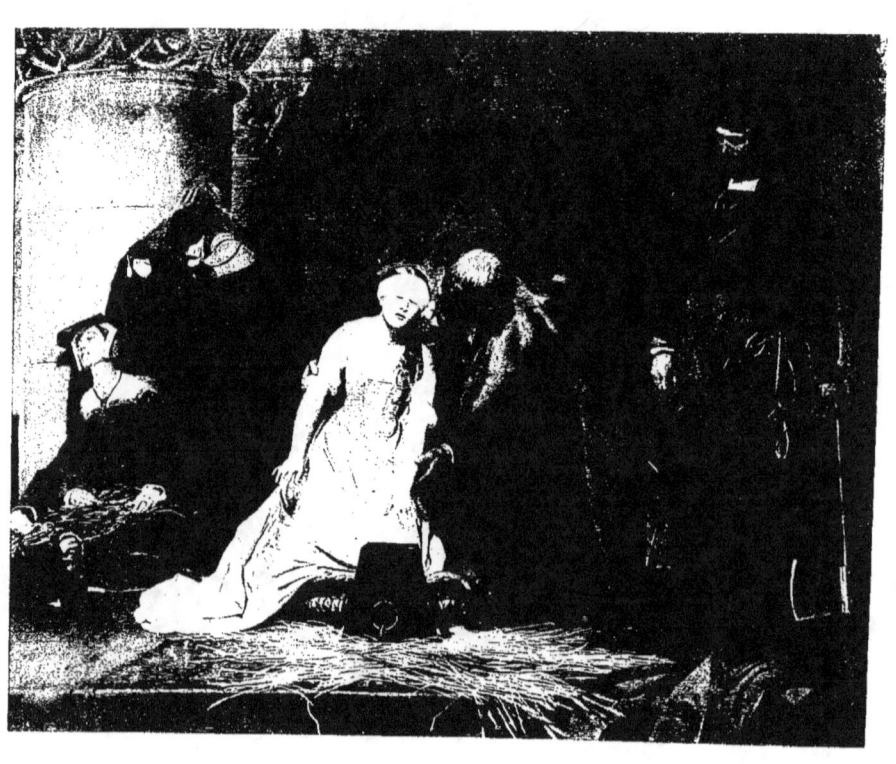

ASSASSINAT DU DUC DE GUISE AU CHATEAU DE BLOIS

Toile. — H. 0,565. — L. 0,955. — Fig. de 0,26.

Peint en 1834, et exposé au salon de 1835, ce tableau avait été commandé par S. A. R. le duc d'Orléans.

Paul Delaroche avait quelques années auparavant fait une aquarelle qui lui fut volée ; il avait abandonné l'idée d'exécuter ce tableau, lorsqu'une nuit cette scène lui apparut de nouveau en rêve, et il se mit de suite à l'œuvre.

L'architecture de ce tableau, ajustée par M. Jollivet, ami de Paul Delaroche, fut exécutée en grande partie par M. Dieterle, décorateur de l'Opéra.

La figure d'Henri III a été entièrement peinte d'après M. Geffroy, du Théâtre-Français.

Les études de chaque personnage appartiennent à un riche amateur d'Amsterdam.

Ce tableau, payé 10,000 francs en 1834, et 55,000 francs à la vente des tableaux de M⁰ˢ la duchesse d'Orléans, appartient à S. A. R. le duc d'Aumale.

Gravé par V. Desclaux, manière noire. — H. 0,57. — L. 0,97.

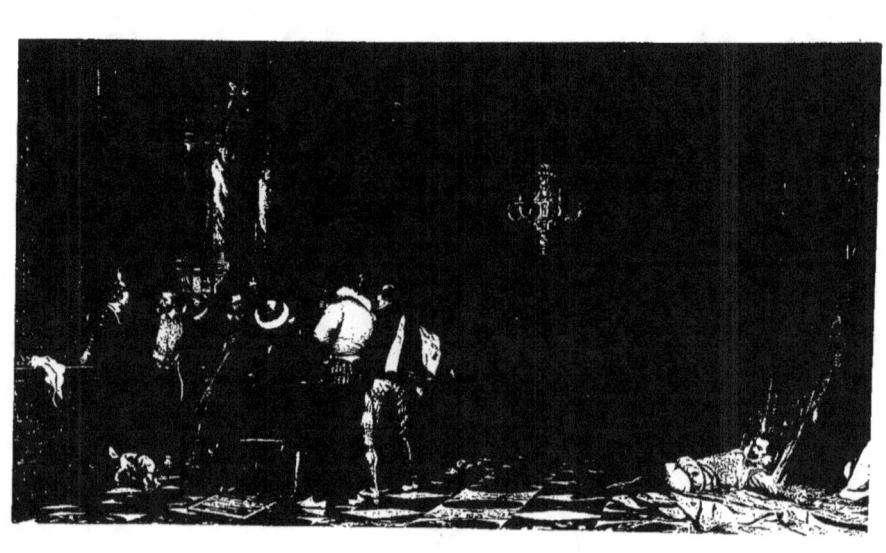

GALILÉE

Toile. — H. 0,17. — L. 0,14. — Fig. de 0,12.

Peint en 1834, ce tableau a été exposé au salon de la même année.
Destiné à M. Nolte, et payé par lui 600 francs en 1834, le Galilée a été acquis en 1837 par M. Revil au prix de 1,800 francs, puis par Mᵐᵉ la marquise de Crillon au prix de 2,500 francs.

Appartient à M. le vicomte Du Taillis, qui l'a payé 9,000 francs en juin 1857 (vente Van Isacker).

Ce tableau n'a pas été gravé.

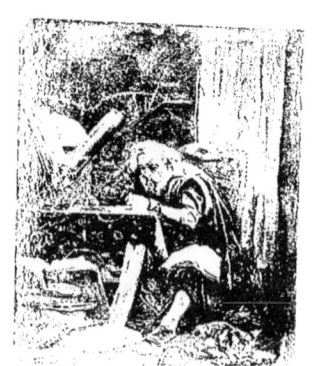

STRAFFORD

Toile. — H. 2,65. — L. 3,14. — Fig. gr. nat.

Près de sortir de la tour de Londres pour aller au supplice, Strafford s'arrête au-dessous de la fenêtre du cachot où était renfermé Laud, archevêque de Cantorbéry, dont les consolations spirituelles lui avaient été refusées, et, s'agenouillant, il lui crie : « Milord, votre bénédiction et vos prières! »

Le vieillard étend les mains à travers les barreaux de sa prison, et appelle sur son ami les bénédictions du Seigneur.

Point en 1835, et exposé au salon de 1837, ce tableau a été complétement ébauché en 1834 par M. Henri Delaborde, d'après une esquisse à l'aquarelle qui appartenait à M. le vicomte de La Villestreux, et une maquette en cire exécutée par Paul Delaroche, qui ne reprit le tableau que dans l'été de 1835, à son retour d'Italie; l'aquarelle est en hauteur.

Le soldat tenant une hallebarde fut peint d'après le général P. Boyer. Paul Delaroche en fit d'abord un petit pastel, qu'il donna à son élève et ami M. Labouchère, ainsi qu'un dessin première pensée du « Frère de Strafford. »

Ce tableau, destiné à M. Paul Demidoff, et payé 12,000 fr., appartient aujourd'hui au duc de Sutherland.

Gravé au burin par Henriquel Dupont, avec ce titre : « Lord Strafford. » — H. 0,29. — L. 0,36.

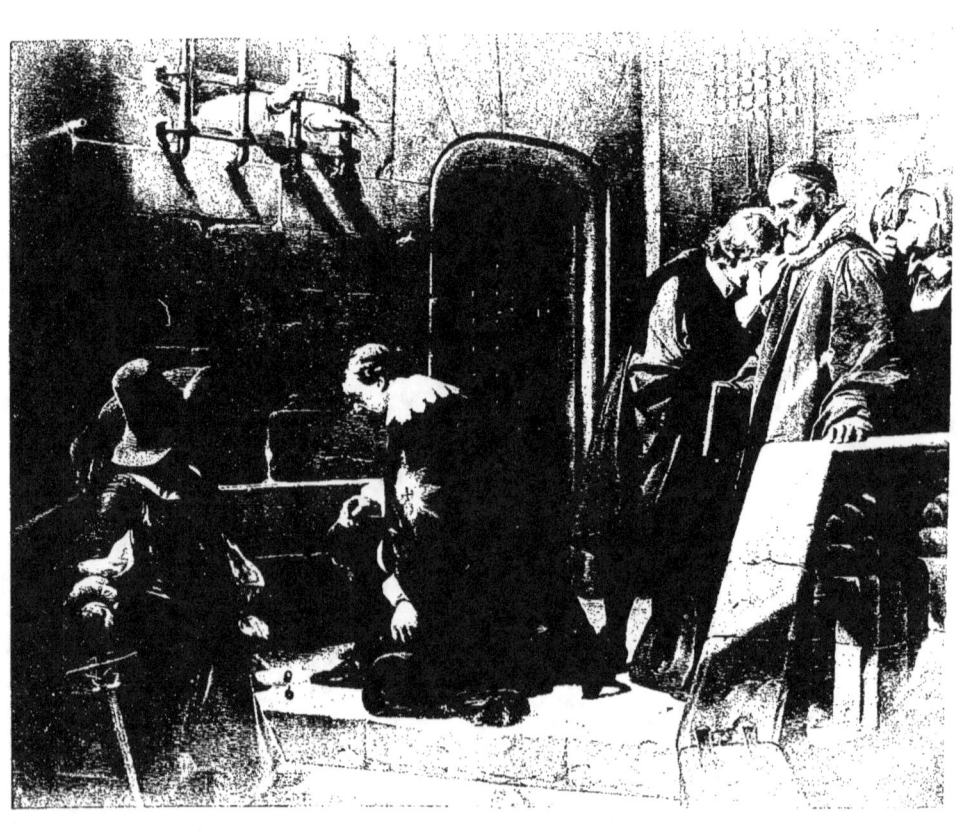

TÊTE D'ANGE

D'APRÈS Mlle LOUISE VERNET

Toile. — Ovale. — H. 0,62. — L. 0,50. — Fig. gr. nat.

Peint à Rome en 1835.

Ce tableau appartient à Mme Horace Vernet.

Gravé au burin, par A. Blanchard. — H. 0,20. — L. 0,15.
Gravé à la manière noire, par F. Girard. — H. 0,33. — L. 0,27.

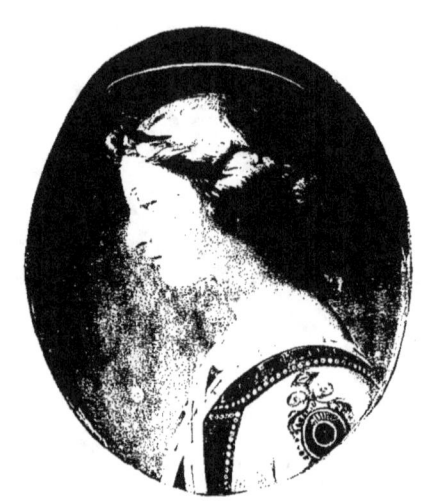

PORTRAIT DE M. HORACE VERNET

Dessin aux deux crayons. — H. 0,30. — L. 0,23.

Ce portait, exécuté en 1836, appartient à M. Horace Delaroche.

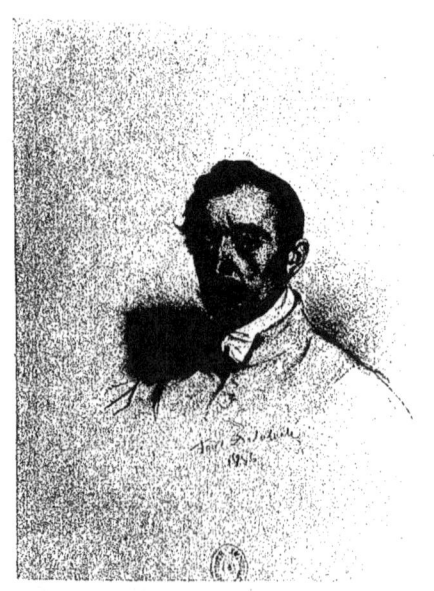

PORTRAIT DE M. HENRIQUEL-DUPONT

Dessin aux deux crayons. — H. 0,29. — L. 0,21.

Signé, sans date (1836).

Appartient à M. Henriquel-Dupont.

Gravé au burin, par Aristide Louis, dans les dimensions de l'original.

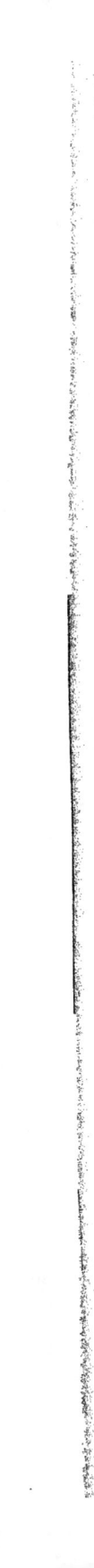

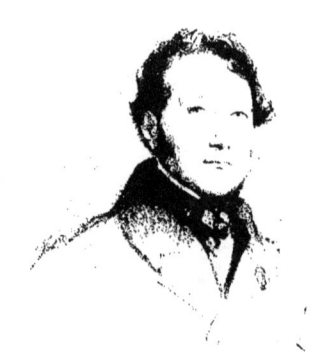

CHARLES Ier INSULTÉ PAR LES SOLDATS DE CROMWELL

Toile. — Fig. gr. nat.

.Le parlement avait consacré à l'habitation du roi pendant son procès, la maison de Sir Robert Cotton, située près de Westminster-Hall. Charles y subissait chaque jour les plus grossiers outrages de la part des soldats chargés de le garder à vue.

Peint en 1836, exposé au salon de 1837.

Ce tableau ayant appartenu à feu lord Ellesmere, fait actuellement partie de la galerie Bridgewater.

Gravé au burin par Achille Martinet, avec ce titre : « Charles Ier ». — H. 0.35. — L. 0,48.

Cinq têtes d'études, d'après les principales figures de cette composition, ont été dessinées et lithographiées par Béranger et Duriez.

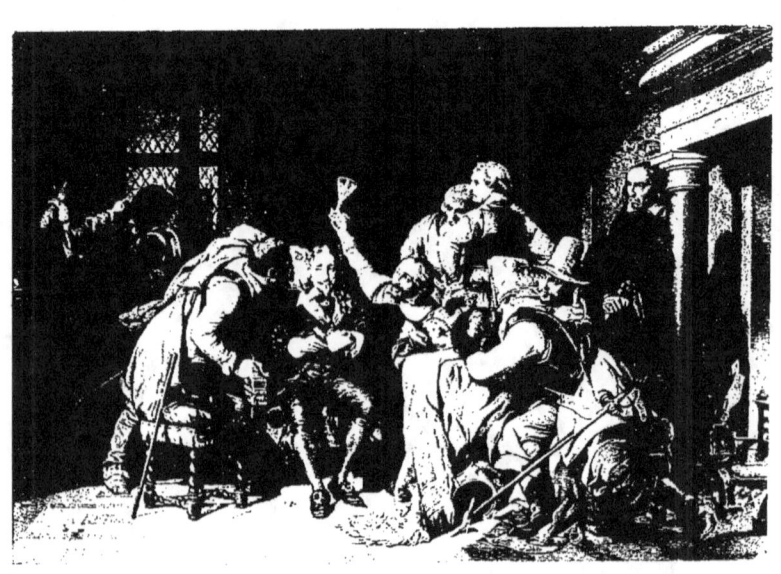

SAINTE CÉCILE

Toile. — H. 2,02. L. 1,62. — Fig. gr. nat.

Paul Delaroche avait pris en Italie, à l'époque où il s'occupait de ses études pour la Madeleine, l'habitude de peindre en grisaille, et de colorier seulement au moyen de glacis. Le tableau de sainte Cécile fut exécuté par ce procédé, sauf les têtes et les chairs terminées en demi-pâte.

Il fit à Rome au crayon une petite composition de ce sujet. En 1836, étant à Versailles, avec MM. Horace Vernet et Labouchère, il fit à l'huile une petite esquisse retournée et des études pour les anges et la tête de sainte Cécile : Mme Delaroche posa pour le premier ange.

Le tableau fut terminé au commencement de 1837 à Paris, et exposé au salon de la même année.

Appartient aux héritiers Pourtalès-Gorgier.

Gravé au burin par Forster. — H. 0,57. — L. 0,43.

La tête de sainte Cécile a été gravée par Sixdeniers, manière noire. — H. 0,31. L. 0,28.
La tête de la sainte et celles des deux anges ont été lithographiées par Béranger et Duriez.

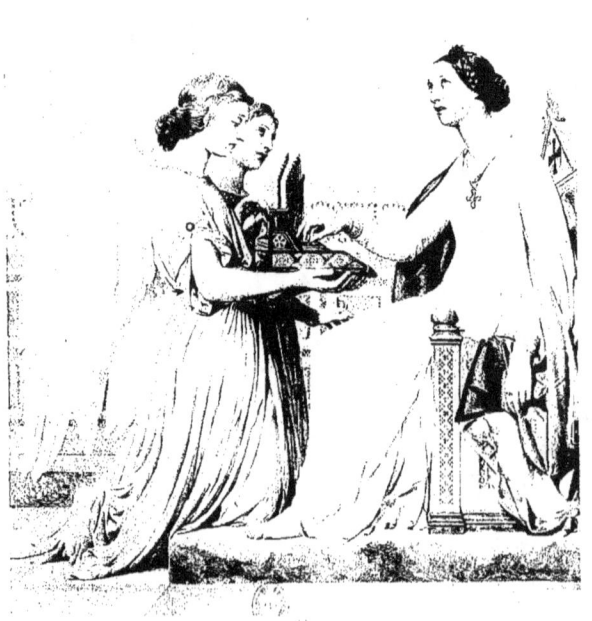

NAPOLÉON DANS SON CABINET

Toile. — H. 1,17. — L. 0,90. — Buste à mi-corps, gr. nat.

L'inscription suivante est placée derrière la toile :

« Ce portrait de Napoléon Bonaparte, empereur de France, a été peint pour moi
« par Paul Delaroche, *de souvenir*, en l'année 1837.

« L'uniforme de la vieille garde fut prêté par le baron Marchant, valet de chambre
« de l'Empereur; l'épée est celle que Napoléon portait à Waterloo.

« L'épaulette est celle qui fut lithographiée par la princesse Marie d'Orléans, duchesse
« Alexandre de Wurtemberg.

« Les meubles sont ceux qui se trouvaient dans le cabinet de travail de l'Empereur
« aux Tuileries.

« La tabatière, ornée de deux médailles italiennes fixées sur le couvercle, est celle
« qu'il donna au comte de Flahaut.

« La reine de Naples, Caroline Murat, passa plusieurs matinées avec Paul Delaroche
« pour lui donner des conseils sur cette peinture.

« LADY M. SANDWICH. »

Pour le bas du visage, Paul Delaroche fit une étude au crayon, d'après le prince de Musignano (mort prince
de Canino.)

Ce tableau, peint en 1837, appartient à Lady Sandwich.

Gravé au burin par Aristide Louis. — H. 0,34. — L. 0,26.

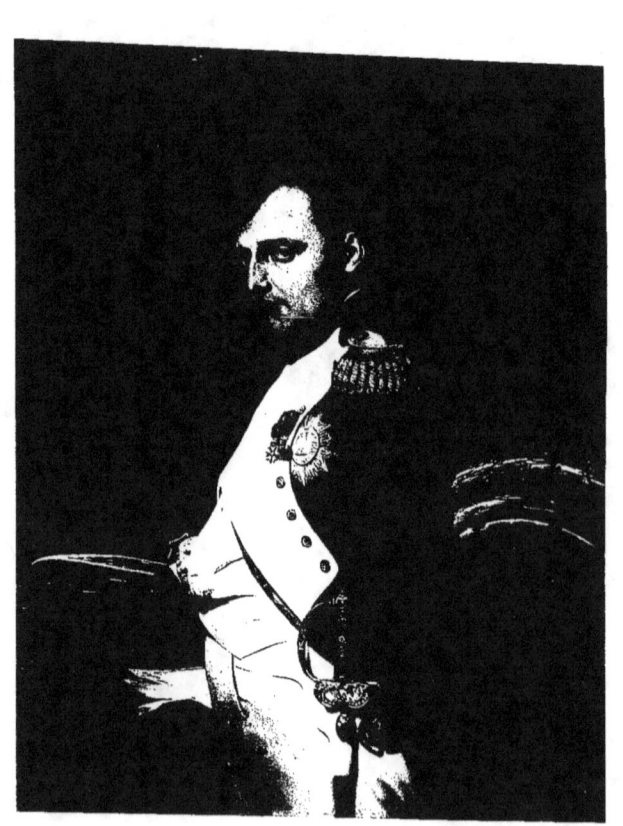

PORTRAIT DE M. GUIZOT

Toile. — H. 1,00. — L. 0,81. — Buste à mi-corps.

Offert par Paul Delaroche à M. Guizot, lorsque celui-ci quitta le ministère; ce portrait fut peint en grisaille, les soirs, en 1837.

Gravé au burin par Calamatta. — H. 0,35. — L. 0,28

Une lithographie, exécutée par E. Lassalle, a paru dans la *Galerie de la Presse, de la Littérature et des Beaux-Arts.* — H. 0,18. — L. 0,14.

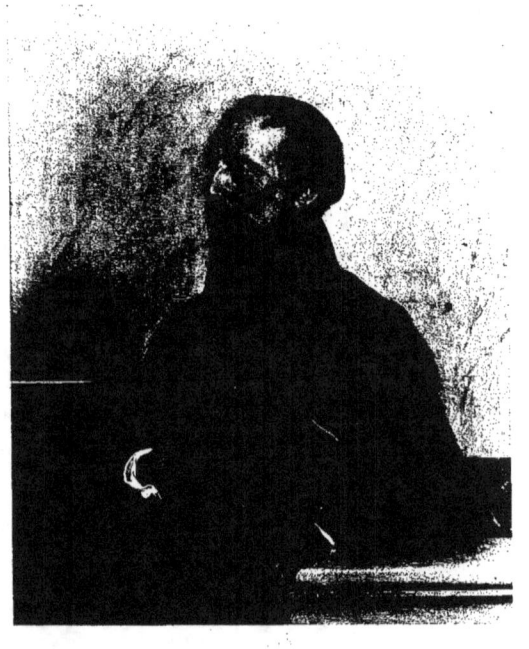

PORTRAIT DE M. ACHILLE FOULD

Dessin. — H. 0,29. — L. 0,24.

Ce dessin aux deux crayons, signé : Paul Delaroche, à son ami M. Achille Fould, a été exécuté en 1839.

Appartient à S. E. M. Achille Fould, ministre d'État et de la maison de l'Empereur.

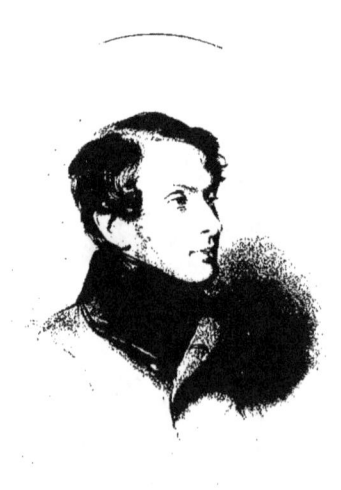

LES VAINQUEURS DE LA BASTILLE

DEVANT L'HOTEL-DE-VILLE

Toile. — Fig. Gr. nat.

En 1830, sous l'administration de M. Odilon Barot, alors préfet de la Seine, quatre tableaux furent commandés pour la décoration de la salle du Trône, à l'Hôtel-de-Ville de Paris.

L'entrée des Vainqueurs de la Bastille, portant en triomphe Élie, officier aux gardes françaises, fut confiée à Paul Delaroche.

On donna à M. Léon Cogniet la Proclamation de Bailly comme maire de Paris. — A M. Schnetz, le Combat du Peuple contre les Troupes royales, sur la place de Grève, le 28 juillet 1830. — A Drolling, la Réception faite par le général Lafayette à Louis-Philippe, duc d'Orléans, dans la grande salle de l'Hôtel-de-Ville.

De ces quatre tableaux, deux seulement ont été exécutés; ce sont ceux de Paul Delaroche et de M. Schnetz.

Ces toiles sont depuis plus de vingt ans, dans les magasins de l'Hôtel-de-Ville, et n'en sont jamais sorties.

Commencé en 1831, ce tableau resta inachevé jusqu'en 1839, époque à laquelle Paul Delaroche le termina avec le concours de M. Robert Fleury. — L'architecture avait été peinte dès 1830 par M. Séchan.

M. Varcollier possède une aquarelle, première pensée de cette composition. Paul Delaroche après avoir fait cette première esquisse à l'aquarelle, en entreprit une autre ou plutôt un carton, d'après lequel il se proposait de peindre son tableau. Il n'en reste plus aujourd'hui qu'un fragment qui appartient à M⁰⁰ Gabriel Delessert.

Une répétition du tableau, signée P. Delaroche. — H. 0,52. — L. 0,57. Fait partie du cabinet de M. Auguiot.

Gravé à l'aqua-tinta par Alexandre Jazet, avec ce titre :

« Journée du 14 Juillet 1789. » (Les Vainqueurs de la Bastille reviennent à l'Hôtel-de-Ville.) — H. 0,52. — L. 0,57.

L'Album cosmopolite a publié deux lithographies d'après le carton :

L'une, par Fremann. — H. 0,41. — L. 0,29. Avec ce titre : « Jeune Fille blessée », épisode de l'entrée des Vainqueurs de la Bastille en 1788 (sic), par Paul Delaroche, esquisse de son grand tableau.

L'autre, non signée. — H. 0,16. — L. 0,10. Avec ce titre : « Jeune fille blessée. »

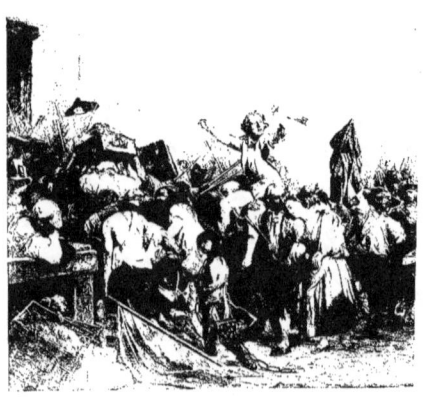

CARTONS DE L'HÉMICYCLE DU PALAIS DES BEAUX-ARTS

Dessins. — H. 0,65. — L. 1,64. — Fig. de 0,39.

Ces cartons, dessinés sur papier, ont servi à l'exécution de la fresque de l'Hémicycle du palais des Beaux-Arts. — Ils ont été achetés 2,300 francs par M. d'Eichthal, à la vente après décès de Paul Delaroche, en juin 1857.

Paul Delaroche commença en 1837 la peinture qui décore l'amphithéâtre destiné à la distribution des récompenses obtenues par les élèves de l'École des Beaux-Arts, et la termina en 1841. Cette composition, peinte à l'huile et à fresque, mesure 25 mètres de largeur sur 3^m 90^c de hauteur; les figures sont plus grandes que nature.

Le sujet est une distribution idéale de récompenses, faite aux artistes modernes, au milieu du congrès des grands maîtres de tous les pays et de toutes les époques, depuis le siècle de Périclès jusqu'à celui de Louis XIV.

Au centre de la composition, devant un édifice d'ordre ionique rejeté à un plan assez éloigné, s'élève une espèce de trône ou de tribunal sur lequel siége Apelles, le grand peintre grec, ayant à sa droite l'architecte du Parthénon, Ictinus, et à sa gauche le sculpteur Phidias. Ces personnages semblent présider la nombreuse assemblée qui se déroule à l'un et à l'autre de leurs côtés. En avant du tribunal où siégent ces trois grands artistes de l'antiquité sont placées quatre figures de femmes : l'une est l'art grec; en face, l'art romain; puis sur le devant, l'art au moyen âge, et enfin l'art à la renaissance. — Devant ces quatre figures allégoriques est une jeune femme à genoux, ayant près d'elle un monceau de couronnes, et en saisissant une comme pour la lancer vers les assistants. Cette figure personnifie le Génie des Arts.

Au bas du tribunal, du côté où est assis Ictinus, se tiennent les sculpteurs. C'est Puget, près duquel sont Germain Pilon et Jean de Bologne. Derrière on aperçoit Bernard de Palissy, et plus loin, Benvenuto Cellini se promenant seul. Pierre Bontemps et Jean Goujon forment le lien qui unit l'école de la Renaissance en France avec les grands statuaires italiens de la même époque; Baccio Bandinelli et Benedetto da Maiano, assis l'un près de l'autre, se groupent avec Peter Fisher. Cette compagnie de sculpteurs célèbres est dominée par quatre personnages auxquels le peintre a voulu donner dans sa composition une importance qui caractérise celle qu'ils ont eue effectivement comme statuaires. C'est Donatello s'entretenant avec Ghiberti, en présence de Lucca della Robbia et de Pisanello.

En portant toujours ses regards vers la gauche, on voit succéder à cette assemblée de sculpteurs celle des peintres qui ont plutôt recherché dans leur art les séduisantes harmonies de la couleur que la pureté des lignes et la profondeur de la pensée. Ce sont d'abord les paysagistes Claude Le Lorrain, Ruysdael, Guaspre Poussin et Paul Potter. Plus loin, Rubens assis, paraît écouter, ainsi que son élève Van Dyck, le Titien, qui, debout, semble développer les secrets de son art. A cette conférence assistent Paul Véronèse, Michel-Ange de Caravage, Velasquez, Murillo, Van Eyck, Jean Bellin, et sur le devant se tiennent Antoine de Messine et Giorgion.

En ramenant son regard jusqu'au tribunal et en passant à l'aile droite du tableau, le spectateur trouve au-dessous de la figure de Phidias les architectes célèbres rassemblés. Le groupe principal de ces artistes est formé par Brunelleschi, Bramante, Baldassar Peruzzi, autour desquels sont assis Robert de Luzarches et Arnolfo di Lapo. Erwin de Steinbach se trouve réuni à Sansovino, Vignole et Palladio; et sur un autre plan, on aperçoit Philibert Delorme, Pierre Lescot, Mansard, et l'architecte anglais Inigo Jones.

La quatrième partie de la composition, celle qui occupe l'extrémité du tableau à droite du spectateur, est consacrée aux peintres qui se sont rendus célèbres par l'élévation et la pureté de leur style, ainsi que par la profondeur de leurs pensées. Près de Léonard de Vinci se tient Raphaël, debout, écoutant avec respect le savant maître; derrière eux est Fra Bartolomeo, en habit de dominicain; il écoute aussi Léonard, non loin de qui se trouvent Perugin, Albert Durer, André del Sarto, Holbein, Jules Romain, Sébastien del Piombo, Dominiquin et Eustache Lesueur. Un peu plus loin, en reportant le regard du côté du tribunal, on aperçoit Mantegna, Jean de Fiésole, Andrea Orcagna; puis enfin Giotto et Cimabué. En revenant au groupe de Léonard de Vinci et de Raphaël, au-dessus desquels on aperçoit Masaccio, reconnaissable à sa petite toque, on voit Michel-Ange, assis, solitaire, au milieu de cette multitude, et absorbé dans ses propres pensées. La dernière figure qui ferme la composition de ce côté du tableau est celle de Nicolas Poussin. Delaroche, tout de noir, le grand artiste français, placé à peu de distance de Léonard de Vinci et de Michel-Ange, se tient aussi à part, de son côté et semble diriger son regard sur ceux qui remplissent la salle. Deux graveurs figurent au milieu de ces peintres: ce sont Marc Antoine et Edelinck.

Gravé au burin par Henriquel-Dupont. — H. 0,56. — L. 2,60.

Le 16 décembre 1855, dans la matinée, le feu prit sous l'estrade qui avait été préparée dans l'amphithéâtre des Beaux-Arts pour la distribution des prix et médailles, qui allait avoir lieu dans la journée. Une partie de l'estrade fut consumée, et bien que les flammes n'eussent point atteint la fresque de Paul Delaroche, la fumée et la chaleur y laissèrent des traces profondes. — A force de soins et de patience on parvint à réappliquer la peinture soulevée par larges boursouflures. Cette réparation préalable allait être terminée et Paul Delaroche se proposait de faire disparaître bientôt les dernières traces de l'incendie, lorsque la mort vint l'arracher à ses travaux. — M. Robert Fleury, peu de temps après, s'imposa le pieux devoir d'accomplir cette tâche, et, grâce à lui, le chef-d'œuvre de Paul Delaroche a été rétabli dans son intégrité.

Il existe une reproduction de l'Hémicycle faite en 1841 pour l'exécution de la gravure: Toile. — H. 0,89. — L. 2,51. — Fig. de 0,24. — Elle fut entièrement repeinte en 1853 par Paul Delaroche, avec de notables modifications, particulièrement dans la figure allégorique de l'Art de la Renaissance. — Cette peinture, signée Paul Delaroche 1853, a été achetée 13,900 francs par MM. Goupil et Cie à la vente après décès de Paul Delaroche.

Le musée de Nantes possède une esquisse, première pensée de l'Hémicycle: Papier collé. — H. 0,34. — L. 2,11. Signée (à son ami Alph. de Feltre. Paul Delaroche 1836).

Paul Delaroche a fait pour l'Hémicycle un grand nombre d'études peintes ou dessinées, exécutées d'après nature au soleil, dans une cour du palais des Beaux-Arts. Ces études, données par Paul Delaroche ont vendues après sa mort, sont dispersées. Le musée de Nantes en possède plusieurs des plus importantes.

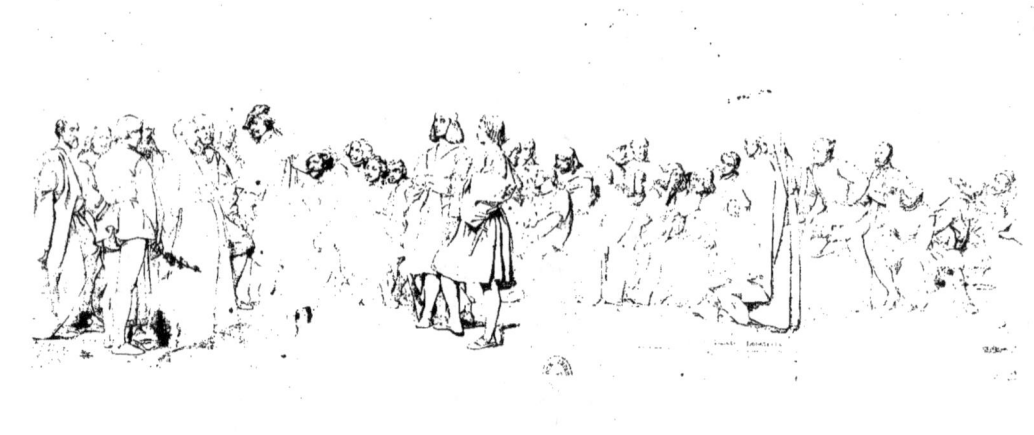

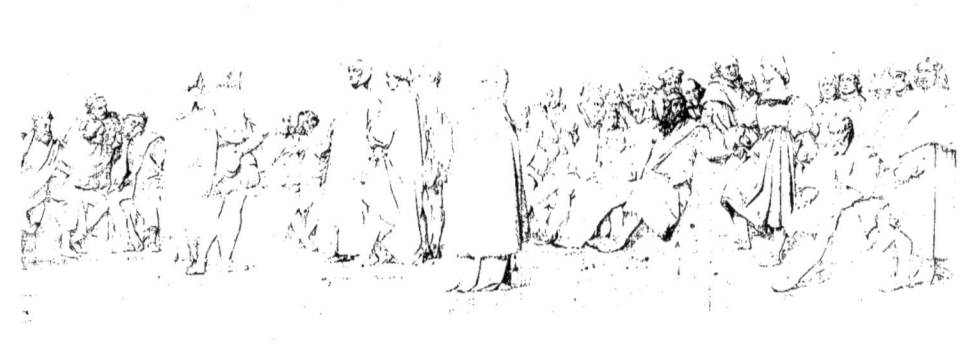

PORTRAIT DE M. HORACE DELAROCHE

A L'AGE DE CINQ ANS

Toile. — Fig. gr. nat.

Peint en 1841.

Appartient à Mme Horace Vernet.

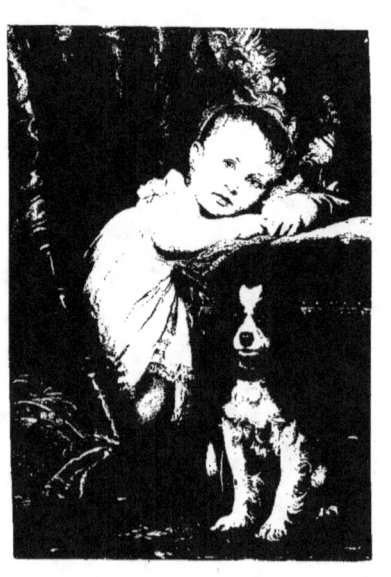

PORTRAIT DU GÉNÉRAL BERTRAND

Toile. — H. 0,81. — L. 0,65. — Buste gr. nat. — Ovale.

Ce portrait, peint en trois jours (1842), a été payé 3,000 francs.

Appartient à Mme Thayer.

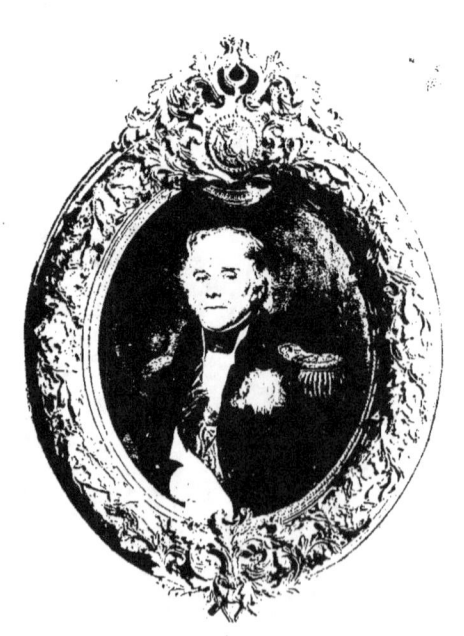

ENFANCE DE PIC DE LA MIRANDOLE

Toile. — H. 1,05. — L. 0,77. — Fig. à mi-corps gr. nat.

Jean Pic de La Mirandole, né en 1463, était le troisième fils de Jean-François, seigneur de La Mirandole et de Concordia. Dès l'âge de dix ans il s'était placé au premier rang des orateurs et des poëtes de son temps.....

Ce tableau, peint en 1842, pour le comte Alph. de Feltre, appartient aujourd'hui au musée de Nantes. Galerie Clarke de Feltre.

Gravé au burin par Jules François. — H. 0,31. — L. 0,23.

Un groupe d'étude, tiré de ce tableau, a été lithographié par Émile Lassalle, avec ce titre : « L'Éducation maternelle. »

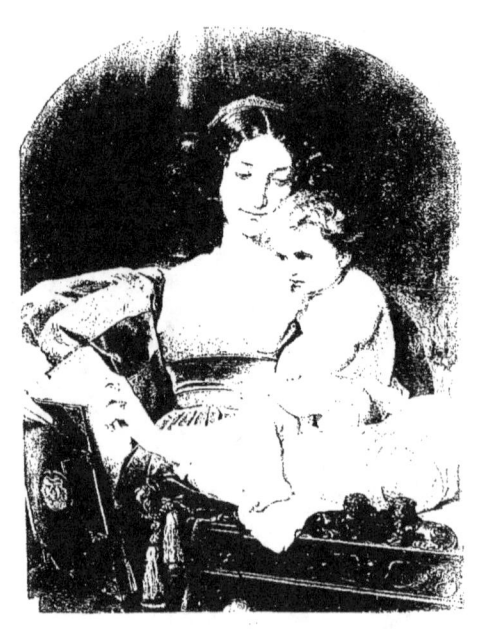

LES PÈLERINS A ROME

Toile. — H. 1,88. — L. 2,27. — Fig. gr. nat.

Ce tableau, peint en 1842, appartient à M. le comte Ratzinski.

Gravé au burin par Jules François. — H. 0,29. — L. 0,36.

Une tête d'étude tirée de ce tableau a été lithographiée par Émile Lassalle.

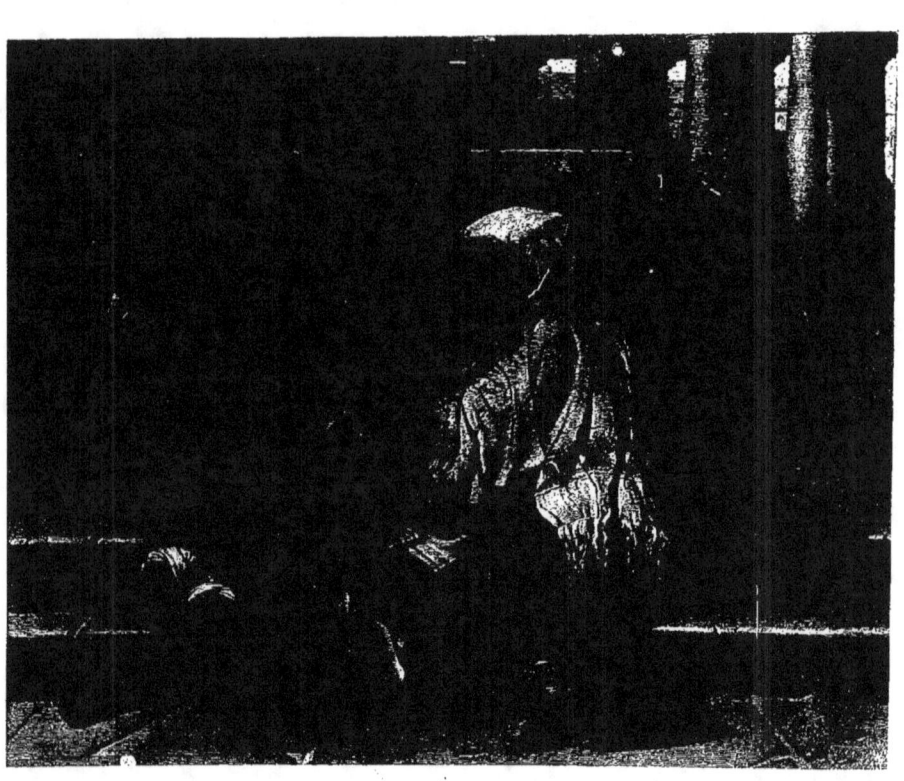

LA VIERGE A LA VIGNE

Toile. — Fig. à mi-corps gr. nat.

Ce tableau, peint en 1842, et payé 10,000 francs, par M. Thomas Baring de Londres a été détruit par le feu.

Paul Delaroche, en apprenant cette perte, écrivait, le 27 janvier 1854, à M. Labouchère, son ami : « Bien « franchement je suis fâché de la perte de ma pauvre vierge, bien plus par le souvenir que j'y attachais, que par « l'estime que je pouvais avoir pour cet ouvrage. Il n'en reste donc plus rien....... »

M. le marquis de Ganay possède une tête d'étude, dessin à la sanguine, pour lequel Mme Delaroche avait posé.

Gravé au burin par Jesi. — H. 0,34. — L. 0,21.

Une étude tirée de cette composition a été lithographiée par Émile Lassalle.

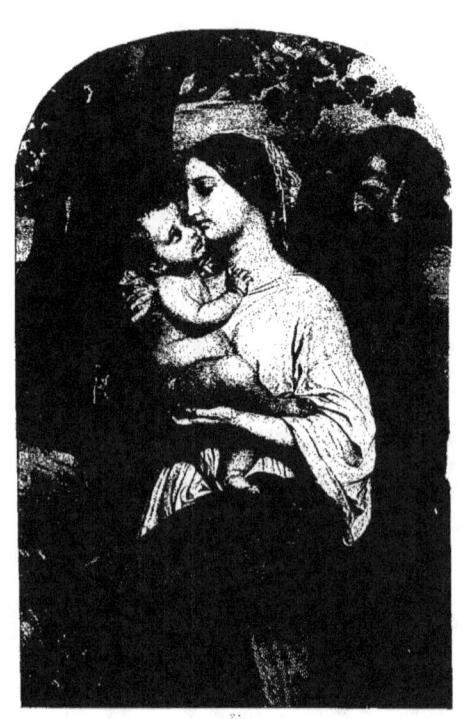

LES JOIES D'UNE MÈRE

Toile. — Rond. — H. 0,90. — L. 0,90. — Fig. à mi-corps.

Cette composition, peinte en 1843 et commandée par Guillaume II, roi des Pays-Bas, a été achetée par M. Pescatore, à la vente de la galerie du roi, puis léguée par lui au musée de la ville de Luxembourg.
M. Labouchère possède une petite étude au crayon de la tête de la jeune mère.
Un dessin à la mine de plomb : Enfants, appartient à M. d'Eichtal.
Le tableau est conservé dans la galerie de M⁰ᵉ veuve Pescatore.

Gravé au burin par Alphonse François. — H. 0,26. — L. 0,26.

Deux études tirées de cette composition : un enfant et le groupe entier, ont été lithographiées par Bargue.

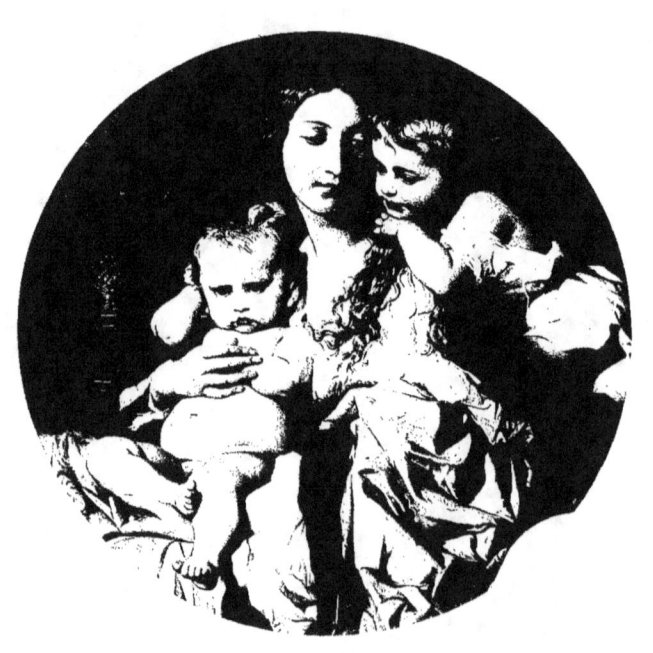

HÉRODIADE

Toile. — Fig. à mi-corps. Gr. nat.

« La fille d'Hérodias dansa au milieu de l'assemblée, et elle plut à Hérode.

« De sorte qu'il promit avec serment de lui donner tout ce qu'elle (lui) demanderait.

« Elle, à l'instigation de sa mère, lui dit : Donnez-moi présentement dans un bassin « la tête de Jean-Baptiste.

« Le roi en eut de la peine ; néanmoins à cause de ses serments, et de ceux qui « étaient à table avec lui, il commanda qu'on la lui donnât.

« Et il envoya décapiter Jean dans sa prison.

« Sa tête fut apportée dans un bassin, et donnée à cette fille qui la porta à sa « mère. »

Évangile selon S. Matthieu, ch. XIV, v. 6, 7, 8, 9, 10, 11.

Ce tableau, exécuté en 1843, appartient à M. Van Walchren de La Haye.

M. Benoît Fould possède une réduction peinte en 1855 : Bois. — H 0,14 — L. 0,10.

Ce tableau n'a pas été gravé.

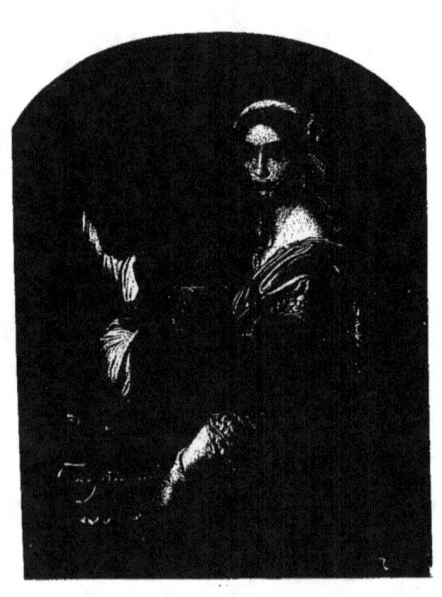

PORTRAIT DE Mme LA B^{nne} HALLEZ-CLAPARÈDE

Dessin aux deux crayons. — H. 0,52. — L. 0,41. — Tête. Gr. nat.

Ce dessin a été exécuté en 1843 et offert à Mlle Lavinia Darriule, aujourd'hui baronne Hallez Claparède. C'est une étude plutôt qu'un portrait, dont Paul Delaroche s'est inspiré pour son Hérodiade.

Appartient à M. le baron Hallez Claparède.

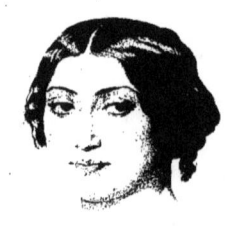

JEUNE FILLE DANS UNE VASQUE

Carton. — H. 0,20. — L. 0,25. — Pet. fig.

Ce tableau, non signé, sans date, a été peint à Rome en 1844.

Appartient aux héritiers Pourtalès-Gorgier.

En 1845, Paul Delaroche fit une ébauche de cette composition. — H. 1,54. — L. 1,92. — Fig. gr. nat. Cette toile est restée inachevée.

N'a pas été gravé.

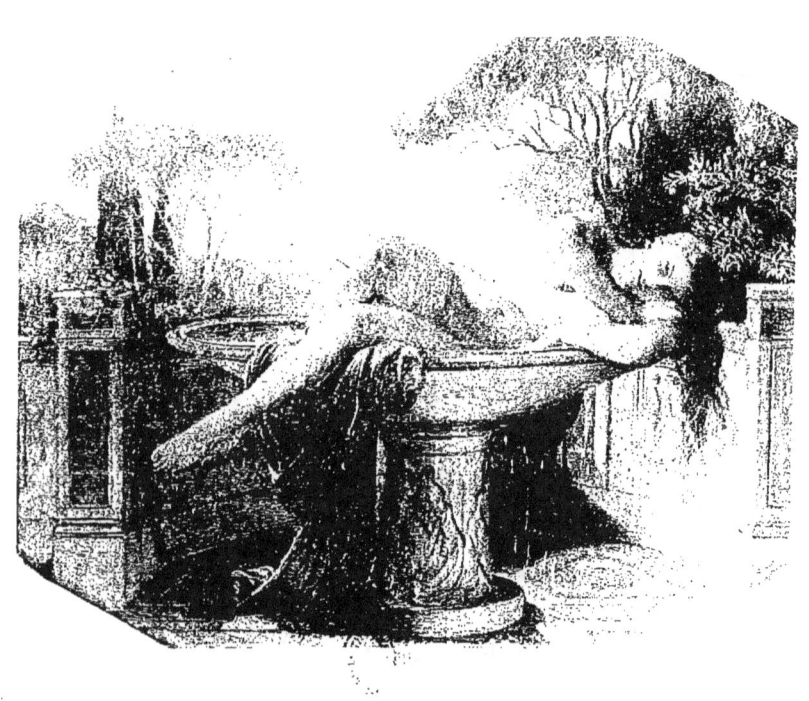

PORTRAIT DE GRÉGOIRE XVI

Toile. — H 1,12. — L. 0,89. — Buste à mi-corps. Gr. nat.

« Maur Capellari, né à Bellune, le 11 septembre 1765, entra jeune chez les
« camaldules de Saint-Michel de Murano, près de Venise, devint successivement abbé
« de ce monastère, procureur, vicaire général de la Congrégation ; fut nommé par
« Léon XII visiteur apostolique des Universités de l'état ecclésiastique, cardinal en 1825,
« et enfin préfet de la Congrégation de la propagande. Élu pape en 1831, il créa
« l'Ordre de Saint-Grégoire-le-Grand, fondé pour récompenser le mérite religieux, civil
« et militaire. Le pape Grégoire XVI s'était fait un nom par son savoir, surtout dans
« les matières ecclésiastiques et canoniques. Il mourut en 1846. »

Ern. Soulié. *Notice des peintures composant le Musée Impérial de Versailles*,
N° 4781. Édit. de 1855.

Appartient au Musée de Versailles.

Ce portrait, peint à Rome au mois d'août 1844, a été offert par Paul Delaroche à la reine Marie-Amélie.
Paul Delaroche en fit un dessin à la mine de plomb (Vatican, 1840). — H. 0,24. — L. 0,19. — Fig. de 0,05.

Gravé par Henriquel-Dupont : Fac-simile du dessin.

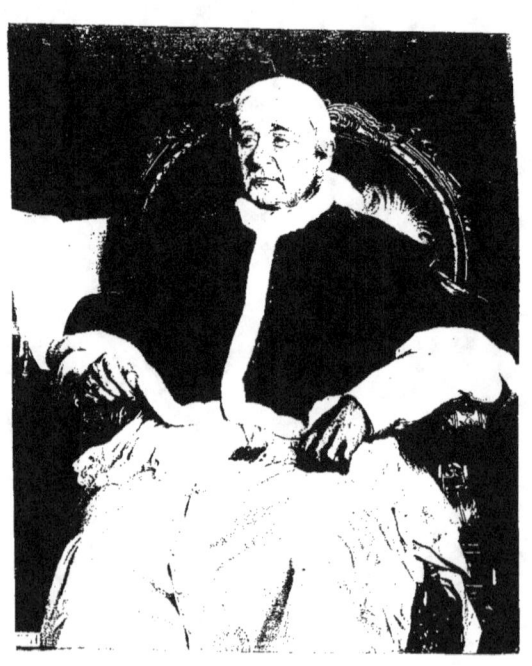

LE PRISONNIER

Dessin. — H. 0,10. — L. 0,12.

Ce dessin au crayon noir, rehaussé de blanc, a été exécuté à Rome en 1844.

Appartient à Mme veuve J. Rattier.

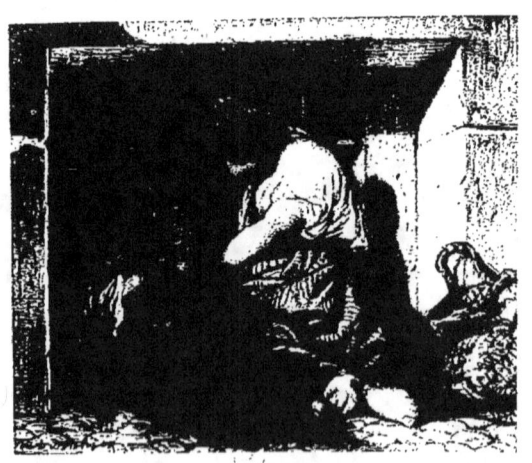

LE PETIT MENDIANT

Toile. — H. 1,09. — L. 1,09. — Fig. gr. nat. Rond.

Ce tableau, peint à Rome en 1844, appartient à M. Ernest André.

Gravé au burin, par Z. Prevost. — H. 0,29. — L. 0,29.

Une tête d'étude tirée de cette composition (Enfant) a été lithographiée par Émile Lassalle.

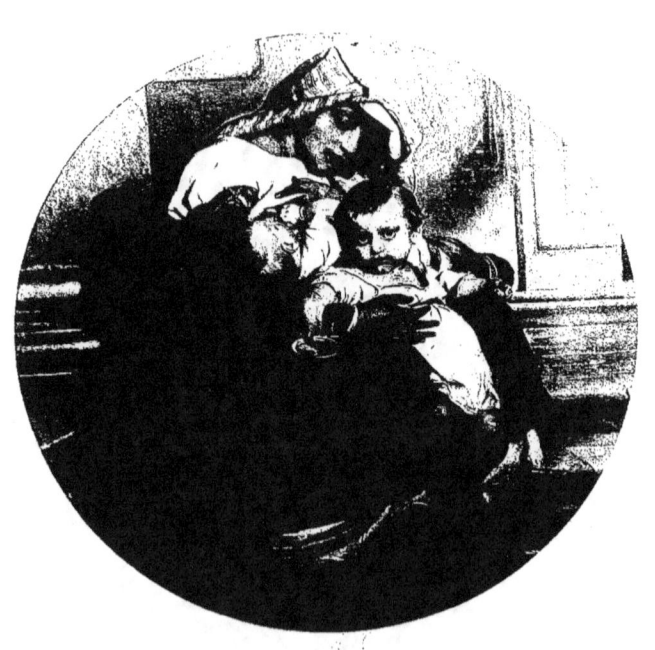

PORTRAIT DE M. A. DE LAMARTINE

Dessin. — H. 0,32. — L. 0,24.

Ce dessin aux deux crayons a été fait à Rome en 1844.

Appartient à M. Duclerc.

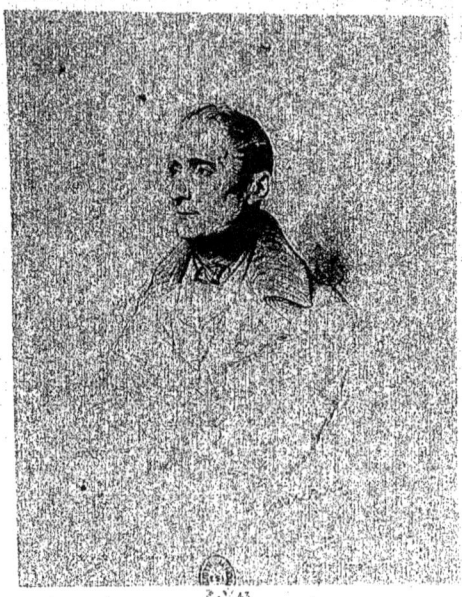

LAMARTINE.

Publié par GOUPIL & C.
Paris, Londres, Berlin et New York.

JEUNE FILLE A LA BALANÇOIRE

Bois. — H. 0.69. — L. 0,52. — Fig. dem.-nat. — Ovale.

Peint pour le duc de Feltre en 1845.

Un dessin aux deux crayons, mais dans lequel la Jeune Fille est nue, a été donné par le duc de Feltre à M. le marquis de Cubières.

Le tableau appartient au Musée de Nantes; galerie Clarke de Feltre.

N'a pas été gravé.

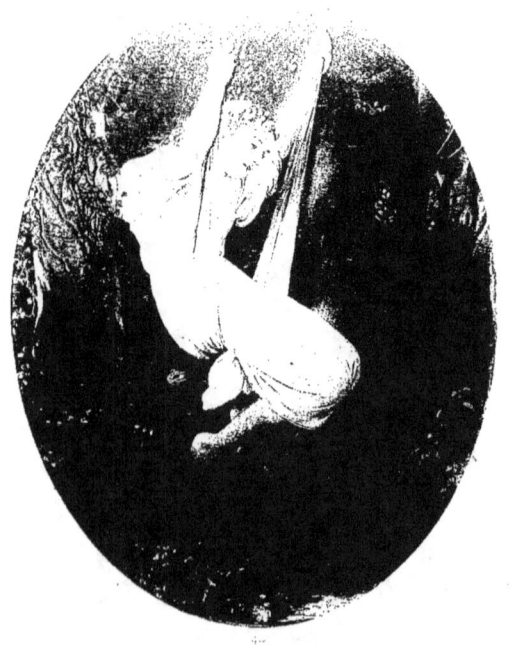

PORTRAIT DE M. DE RÉMUSAT

Toile. — H. 0,92. — L. 0,74. — Buste à mi-corps. Gr. nat.

Peint en 1845.

Appartient à M. de Rémusat.

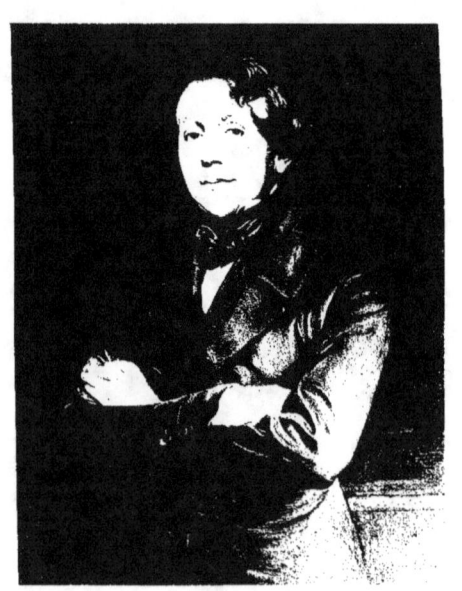

NAPOLÉON A FONTAINEBLEAU

31 MARS 1814.

Toile. — H. 1,81. — L. 1,37. — Fig. gr. nat.

Le 30 mars Napoléon poursuit sa route : à dix heures du soir, quelques lieues seulement le séparent de la capitale... Bientôt il se verra à la tête des braves qui en disputent l'entrée aux coalisés;... mais il est trop tard, Paris vient de capituler.

Napoléon se trouvait à pied sur la route au relai de Fontainebleau quand on lui apporta la fatale nouvelle.

Le 31 mars, à midi, les armées alliées entraient dans Paris.

NORVINS, *Histoire de Napoléon.*

Ce tableau, peint en 1845 et acheté 12,000 fr. par M. Schletter, de Berlin, appartient aujourd'hui au musée de Leipzig.

Une répétition, ayant les mêmes dimensions, et d'après laquelle a été exécutée la gravure, appartient à John Naylor, Esq.

Au mois de juillet 1848, Paul Delaroche écrivait à M. Labouchère : « Je suis de ceux qui ne peuvent produire « quelque chose de bon qu'à force de silence et de tranquillité; depuis le mois de février, ce n'est qu'avec des « efforts inouïs que j'ai pu terminer mon Napoléon (la reproduction). Il me serait impossible d'être peintre au « milieu de pareils événements. »

Gravé au burin par Jules François. — H. 0,44. — L. 0,33.
Gravé à l'aqua-tinta par A. Manceau. — H. 0,65. — L. 0,50.

Une tête d'étude, tirée de cette composition, a été lithographiée par Émile Lassalle.

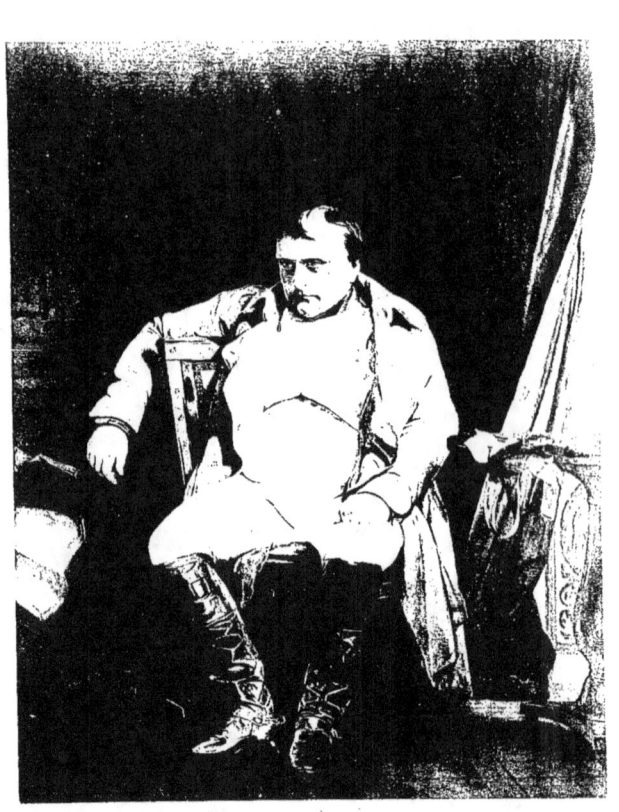

PORTRAIT DU COMTE DE POURTALÈS-GORGIER

Toile. — H. 1,22. — L. 0,80. — Buste à mi-corps. Gr. nat.

Paul Delaroche, afin de donner plus d'intérêt à ce portrait d'un ami, l'entoura de quelques-uns des objets d'art qui faisaient alors partie de la galerie Pourtalès, et, à cet effet, exécuta son tableau à l'hôtel de la rue Tronchet.

Peint en 1846.

Appartient aux héritiers Pourtalès-Gorgier.

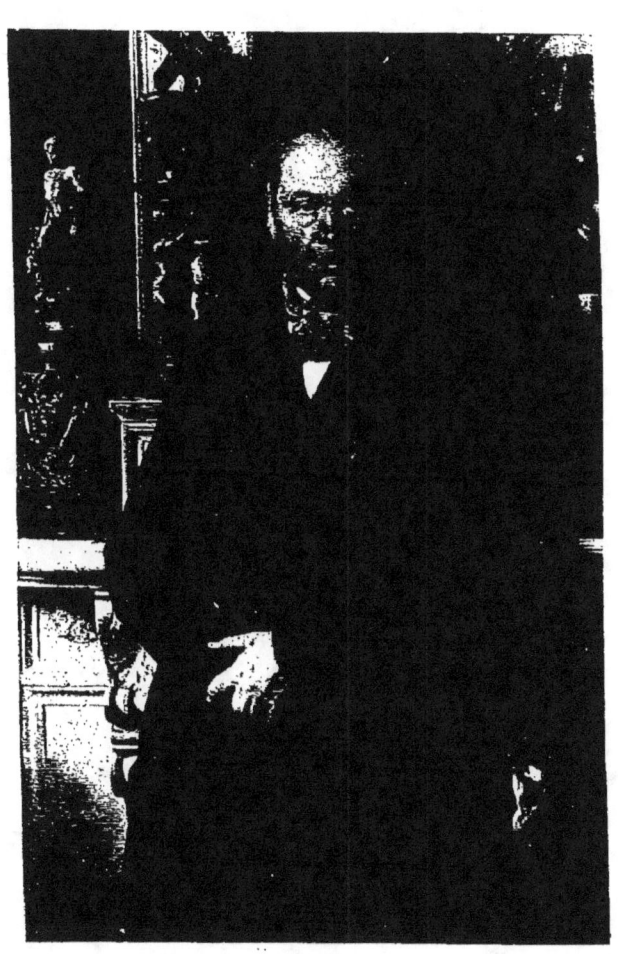

ÉPISODE D'UN NAUFRAGE

Dessin. — H. 0,35. — L. 0,50.

Ce dessin appartient à M. Ravené de Berlin.

Une esquisse, peinte en 1848. — H. 0,73. — L. 1,03. A été payée par M. le comte Lemarrois 3,600 francs, en juin 1857, à la vente après décès de Paul Delaroche.

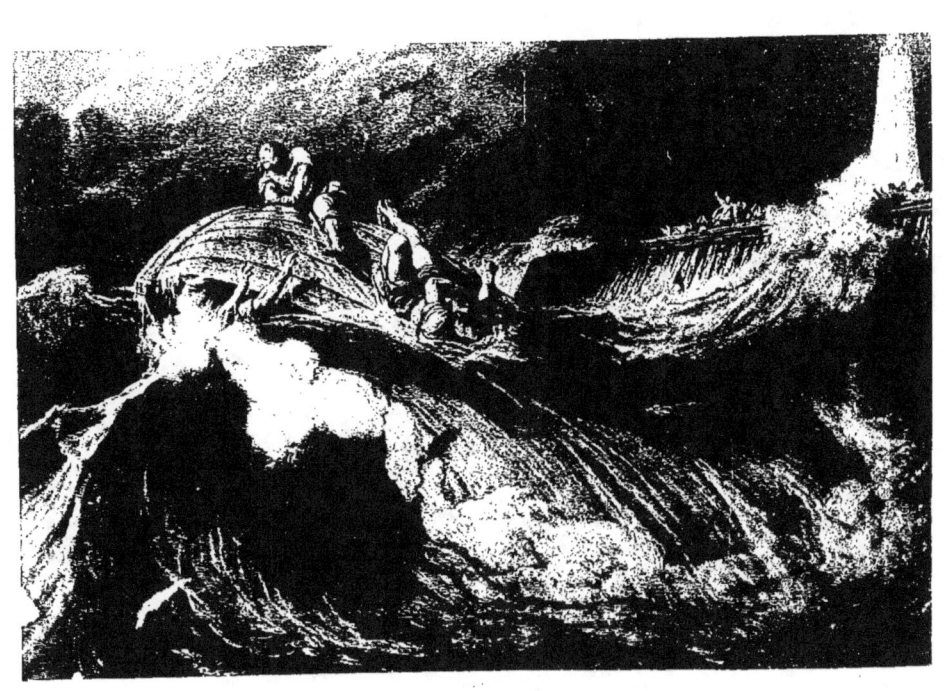

PORTRAIT DU COMTE DE SALVANDY

Toile. — H. 1,40. — L. 0,94. — Buste à mi-corps. Gr. nat.

Ce portrait, commencé à la fin de l'année 1845, fut interrompu par la maladie et la mort de Mme Delaroche, et terminé au printemps de 1846.

M. Labouchère allait commencer le portrait de M. de Salvandy, Paul Delaroche lui témoigna le désir de le peindre, et offrit de le faire pour 3,000 francs.

M. de Salvandy, vivement sollicité par M. Labouchère, vint poser deux ou trois fois le soir pour un dessin, d'après lequel Paul Delaroche fit son ébauche.

Ce premier dessin appartient à M. Labouchère qui fit, du portrait peint, une copie pour Mme la marquise d'Aux, fille de M. de Salvandy.

Ce tableau appartient à Mme la comtesse de Salvandy.

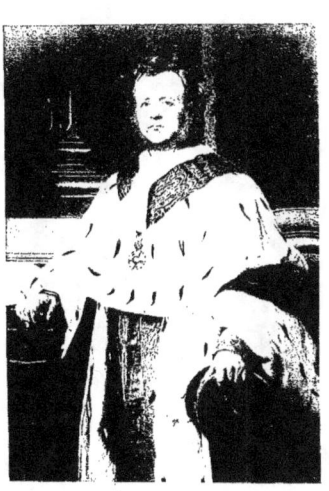

LE CHRIST EN GETHSEMANE

Bois. — H. 0,29. — L. 022. — Fig. 0,12.

« Jésus les trouvant encore dormant, sans que ni sa considération ni la leur ne les
« eût retenus, il a la bonté de ne pas les éveiller, et les laisse dans leur repos. »

PASCAL, t. II, p. 359, édit. Prosper Faugère.

Peint en 1846.

Ce tableau appartient à M. François Delessert.

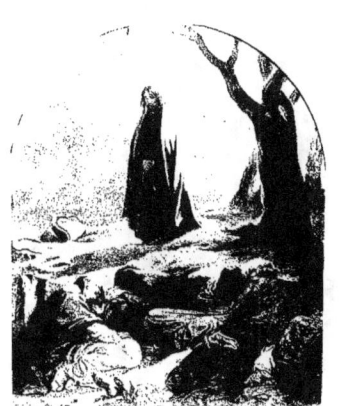

PORTRAIT DE M. LE BARON MALLET

Toile. — H. 1,34. — L. 0,85. — Buste à mi-corps. Gr. nat.

Ce portrait, peint en 1847, a été payé 6,000 francs.
Paul Delaroche fit d'abord un dessin au crayon, qui fut donné à Mme la baronne Alfred de Lotzbeck.

Appartient à M. le baron Mallet.

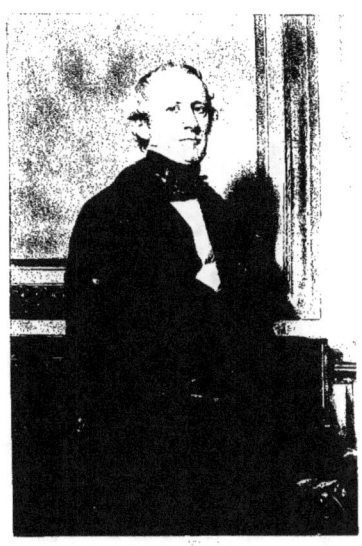

CHARLEMAGNE TRAVERSE LES ALPES

Toile. — H. 4,20. — L. 8,01. — Fig. gr. nat.

Appelé par le pape Adrien Ier, qui avait invoqué son secours contre Didier, roi des Lombards, Charlemagne entre en Italie par le mont Cenis, dans l'automne de 773. Éginhard parle « des immenses difficultés que les Francs trouvèrent à passer les Alpes, et « des immenses travaux qu'il leur fallut supporter pour franchir ces sommets de monts « inaccessibles, ces rocs qui s'élancent vers le ciel et ces rudes masses de pierre. »

Ern. Soulié. *Notice des peintures composant le Musée Impérial de Versailles.*
N° 1945. Édit. de 1855.

Ce tableau, peint en 1847, appartient au Musée de Versailles.

Une esquisse peinte en 1840 (Toile. — H. 0,50. — L. 0,73) a été achetée 3,425 francs par M. Adolphe Moreau, à la vente après décès de Paul Delaroche, en juin 1857.

Ce tableau n'a pas été gravé.

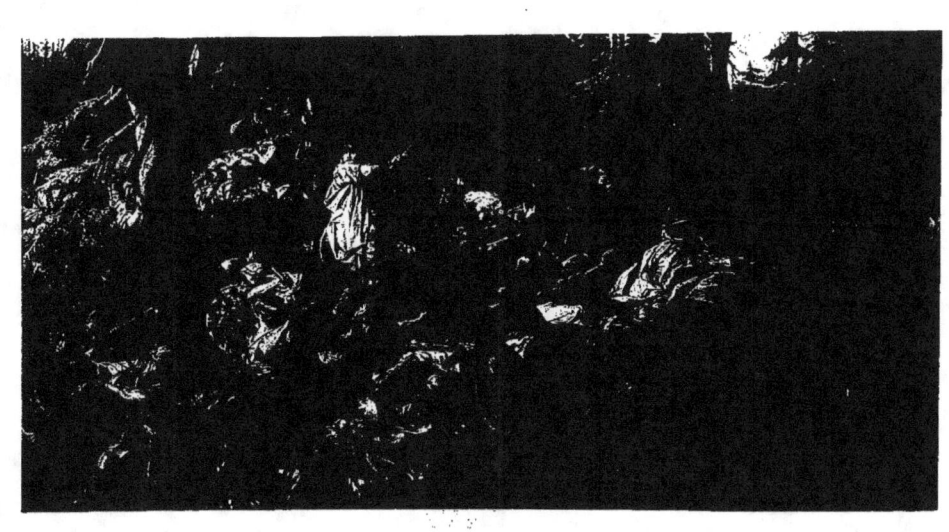

LE GÉNÉRAL BONAPARTE FRANCHISSANT LES ALPES

Toile. — H. 2,76. — L. 2,11: — Fig. gr. nat.

« Le Premier Consul se mit en marche le 20, avant le jour..... Il gravit le
« Saint-Bernard, monté sur un mulet, revêtu de cette enveloppe grise qu'il a toujours
« portée, conduit par un guide du pays, montrant dans les passages difficiles la distraction
« d'un esprit occupé ailleurs..... »

THIERS, *Histoire du Consulat et de l'Empire.*

Ce tableau, peint en 1848, appartient à lord Onslow.
Paul Delaroche en fit une répétition, en 1851, dans les dimensions de l'original et avec quelques modifications
dans les figures du fond; elle appartient à John Naylor, esq.
M. Delaviefville possède un dessin à la mine de plomb : Figure du guide.

Gravé au burin par Jules François. — H. 0,63. — L. 0,49.

Gravé à la manière noire par Gautier. — H. 0,63. — L. 0,54.

Une tête d'étude tirée de cette composition a été lithographiée par Émile Lassalle.

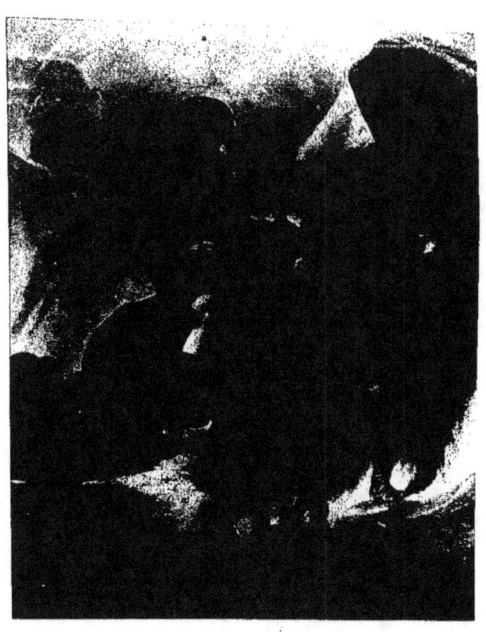

LE DUC DE BOURGOGNE

Dessin. — H. 0,14. — L. 0,26.

Le duc de Bourgogne vient de laisser paraître, en Conseil royal, qu'il est l'auteur de l'assassinat du duc d'Orléans.

Ce dessin à la mine de plomb, non signé, sans date, appartient aux fils de Paul Delaroche.

Ce sujet a longtemps préoccupé Paul Delaroche qui, outre cette esquisse, faite en 1849, en composa plusieurs autres dans le cours des années suivantes.

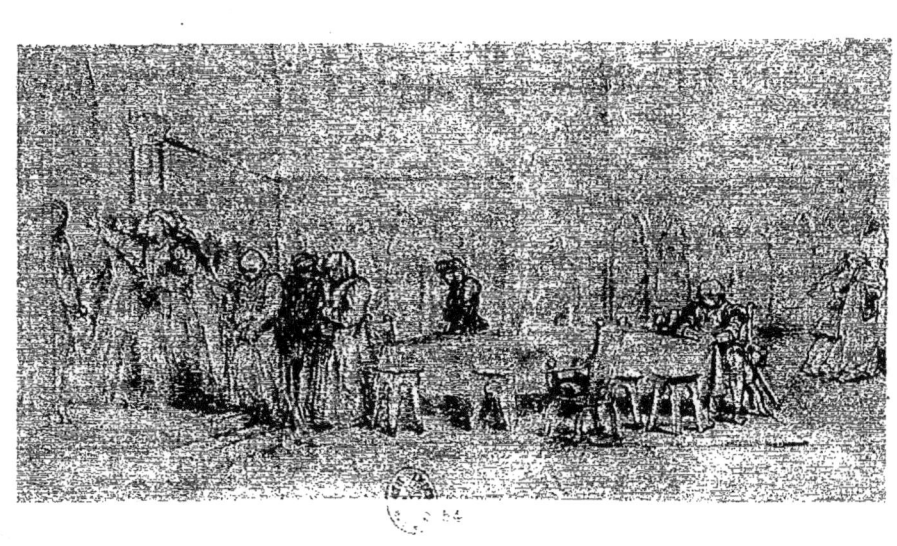

Publié par BOEHL & C.º
Paris London Berlin New York

PORTRAIT DE M. SCHNEIDER

Toile. — H. 1,22. — L. 0,77. — Buste à mi-corps. Gr. nat.

portrait, peint en 1850, appartient à M. Schneider.

Gravé au burin par A. Salmon. — H. 0,29. — L. 0,19.

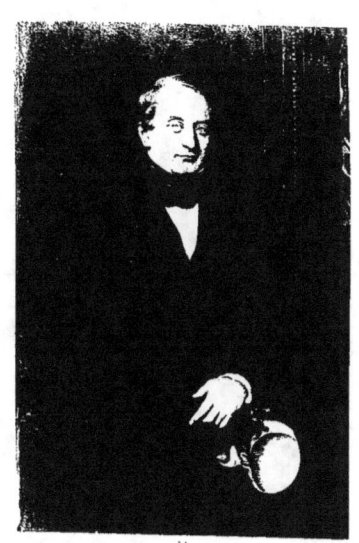

PORTRAIT DE M. HORACE DELAROCHE

Toile. — 0,60. — L. 0,39. — Buste à mi-corps. Fig. gr. nat.

portrait, non signé, fait à Nice en novembre 1851, a été peint le soir à la lampe.

artient à M. Horace Vernet.

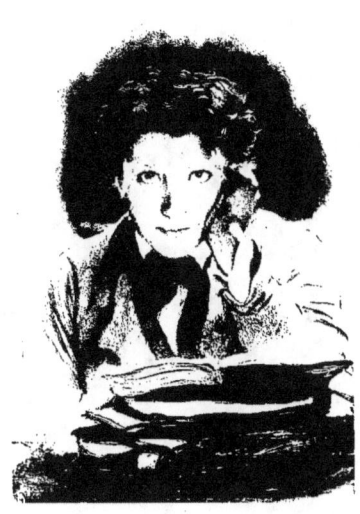

PORTRAIT DE M. PHILIPPE DELAROCHE

Toile. — H. 0,59. — L. 0,38. — Buste à mi-corps. Fig. gr. nat.

portrait, non signé, a été peint à Nice en 1851.

partient à M. Horace Vernet.

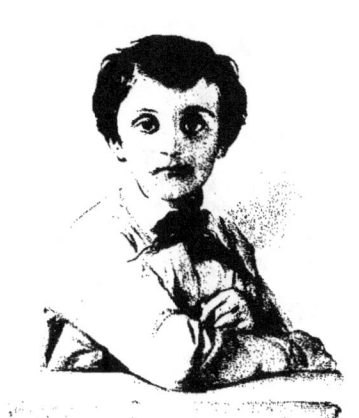

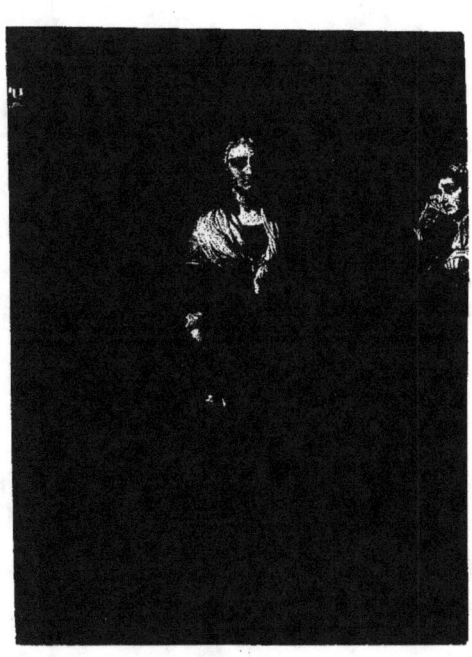

MARIE-ANTOINETTE APRÈS SA CONDAMNATION

Toile. — H. 2,24. —. L. 1,66. — Fig. gr. nat.

« Pendant son interrogatoire Marie-Antoinette a presque toujours conservé une contenance calme et assurée....

« En entendant prononcer son jugement, elle n'a laissé paraître aucune marque d'altération et elle est sortie de la salle d'audience sans proférer une parole, sans adresser aucun discours ni aux juges ni au public. Il était quatre heures et demie du matin, 25 du premier mois (16 octobre, vieux style). »

Extrait du Moniteur.

Ce tableau a été peint en 1851.

A cette époque, Paul Delaroche écrivait à un ami : « Je puis me tromper, mais dans un sujet tel que celui-ci, dont l'action s'est en quelque sorte passée hier, son idéalité, sa vraie poésie, c'est la vérité. Ainsi, en bonne conscience, je ne puis me reprocher d'avoir fait la reine trop engraissée, malgré ses infortunes, car cela est strictement vrai, pas plus que je ne regretterai de l'avoir mise tête nue, ce qui est historique. Les cheveux blancs n'ajoutent-ils pas à la pitié et au respect qu'inspire cette noble tête encore jeune et belle?... Il faut que le spectateur qui arrive indifférent, croie tout d'abord à ce qu'il voit, si vous voulez l'émouvoir profondément; et si j'eusse fait une héroïne bien mince et ajustée d'un voile, je n'eusse pas atteint l'effet que je cherchais... »

Une esquisse peinte de cette composition. Toile. — H. 0,22. — L. 0,16. Faite en 1850, a été payée 2,850 francs, en juin 1857, à la vente après décès de Paul Delaroche.

Le tableau appartient à M. le comte d'Hunolstein.

Gravé au burin par Alphonse François. — H. 0,52. — L. 0,38.

Une tête d'étude tirée de cette composition, — Figure de la Reine, — a été lithographiée par Bargue.

LA CENCI MARCHANT AU SUPPLICE

Dessin. — H. 0,25. — L. 0,16.

Voir la notice de la pl. 77. (Extrait de la relation du Vatican : *La funesta morte Beatrice Cenci e di Lucrezia Petroni.*)

Fait à Nice en 1851.

Cette composition au fusain, rehaussée de blanc, non signée, est la première pensée du tableau (Pl. 77).

Appartient à M. Berville.

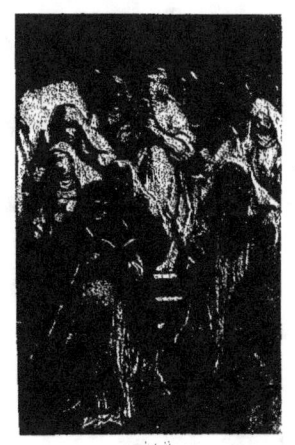

DERNIÈRE PRIÈRE DES ENFANTS D'ÉDOUARD

Toile. — H. 1.91. — L. 1,61. — Fig. gr. nat.

La prière du matin.

Ce tableau, peint à Nice en 1852, appartient à John Naylor, esq.

Paul Delaroche écrivait à un de ses amis, à propos de ce tableau : « Après vingt-deux ans, j'ai voulu m'occuper encore une fois de ces pauvres enfants d'Édouard, dont la première pensée m'a été si heureuse... »

M. Benoît Fould possède un dessin de cette composition. — H. 0,15. — L. 0,19.

Gravé au burin par Jules François. — H. 0,29. — L. 0,36.

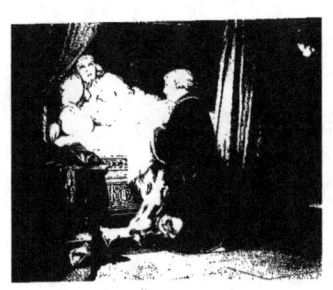

NAPOLÉON A SAINTE-HÉLÈNE

Toile. — H. 0,405. — L. 0,32. — Fig. de 0,12.

Ce tableau, peint en 1852, est une esquisse très-étudiée. Il a été vendu 1,650 francs, en juin 1857, à la vente après décès de Paul Delaroche, et appartient aujourd'hui à S. M. la reine d'Angleterre.

Paul Delaroche voulait peindre ce sujet dans de très-grandes dimensions, et il l'avait tracé au fusain sur les murs de son atelier dans les proportions mêmes qu'il projetait. C'est cette ébauche, dont l'existence ne peut être qu'éphémère, qui a été reproduite par la photographie quelques jours après la mort de Paul Delaroche.

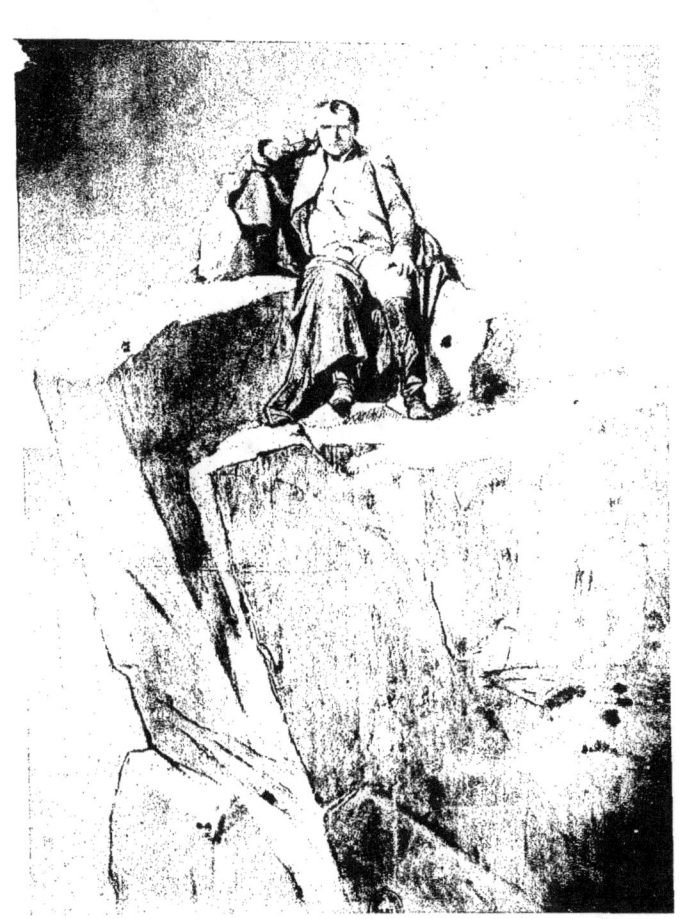

LA VIERGE AU PIED DE LA CROIX

Toile. — 1,73. — L. 1,20. — Fig. gr. nat.

« Au pied de la Croix à laquelle son Fils était attaché, la Mère de douleur pleurait.

« Son âme abattue, gémissante et désolée, fut percée du glaive de douleur.

« Qu'elle fut triste et affligée, cette Mère bénie du Fils unique de Dieu ! »

Prose en l'honneur de la sainte Vierge.

Peint à Nice en 1853.

M. Adolphe Moreau possède une étude peinte. — H. 0,61. — L. 0,40. Exécutée en 1851, et payée 4,625 francs, juin 1857, à la vente après décès de Paul Delaroche.

Le tableau appartient au Musée de Liége.

Gravé au burin par Jules François. — H. 0,435. — L. 0,30.

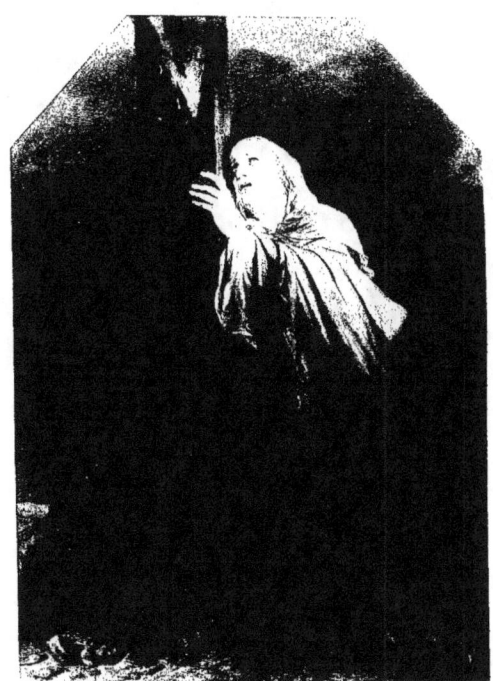

L'ARRESTATION DU CHRIST

Dessin. — H. 0,14. — L. 0,11.

« Comme Jésus parlait encore, Judas, l'un des douze, arrive suivi d'un grand
« nombre de gens armés d'épées et de bâtons.....
    « Ils s'avancèrent, et, se saisissant de Jésus, ils l'arrêtèrent. »

Évangile selon S. Matthieu, ch. XVI, v. 47, 30.

Ce dessin au fusain, non signé, sans date, a été fait à Nice en 1853.

Appartient à M. d'Eichthal.

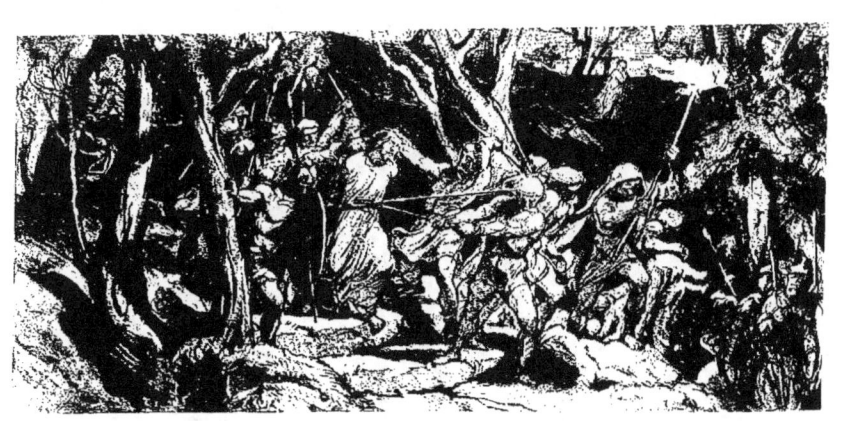

LA FUITE EN ÉGYPTE

Dessin. — H. 0,24. — L. 0,16. — Fig. de 0,12.

L'ange du Seigneur apparut en songe à Joseph, et lui dit : Levez-vous, prenez l'Enfant et sa Mère, fuyez en Égypte, et n'en partez point que je ne vous le dise ; car Hérode doit chercher l'Enfant pour le faire mourir.

Joseph se leva ; et la nuit même, prenant l'Enfant avec sa Mère, il se retira en Égypte.

Évangile selon S. Matthieu, ch. XI, v. 13, 14.

Dessin au fusain, non signé, sans date, fait à Nice en 1853.

Appartient à M. Paul Rattier, qui l'a payé 2,950 francs, en juin 1857, à la vente après décès de Paul Delaroche.

M. Van Becelaer de Bruxelles possède une toile, ébauche avancée. — H. 0,54. — L. 0,38. Peinte en 1853, et payée 1,750 francs à la vente après décès de Paul Delaroche, en juin 1857.

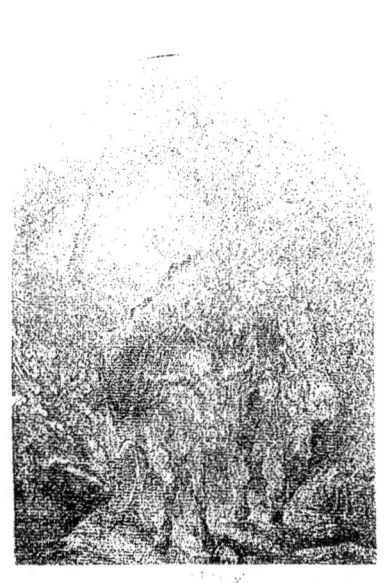

L'ÉVANOUISSEMENT DE LA VIERGE

Toile. — H. 0,13. — L. 0,51. — Fig. de 0,17.

La Vierge, accablée de douleur, tombe évanouie dans les bras des saintes
ames.....

Lorsque la mort vint surprendre Paul Delaroche, il travaillait à ce tableau, qui devait faire partie de la série
compositions dans laquelle il voulait retracer le grand drame religieux de la Semaine Sainte.

Ce tableau resté inachevé appartient aux fils de Paul Delaroche.

Un dessin, fait à Nice en 1853. Fusain. — H. 0,23. — L. 0,40. A été acheté 2,100 francs par M. Schickler à
vente après décès de Paul Delaroche, en juin 1857.

N'a pas été gravé.

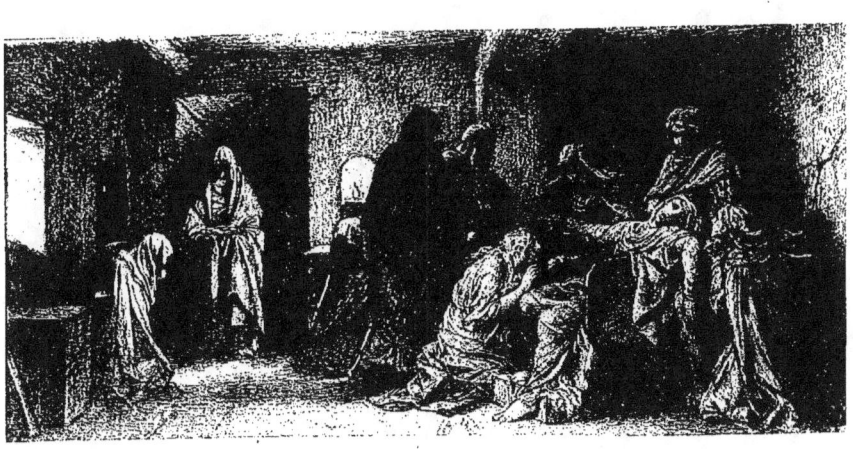

L'ENSEVELISSEMENT DU CHRIST

Bois. — H. 0,24. — L. 0,49. — Fig. de 0,12.

Ce tableau, commencé à Nice et terminé à Paris en 1852, avait été demandé à Paul Delaroche par lord Ellesmere; il appartient aujourd'hui à M. le comte d'Hunolstein.

Gravé au burin par Henriquel Dupont. — H. 0,24. — L. 0,49.

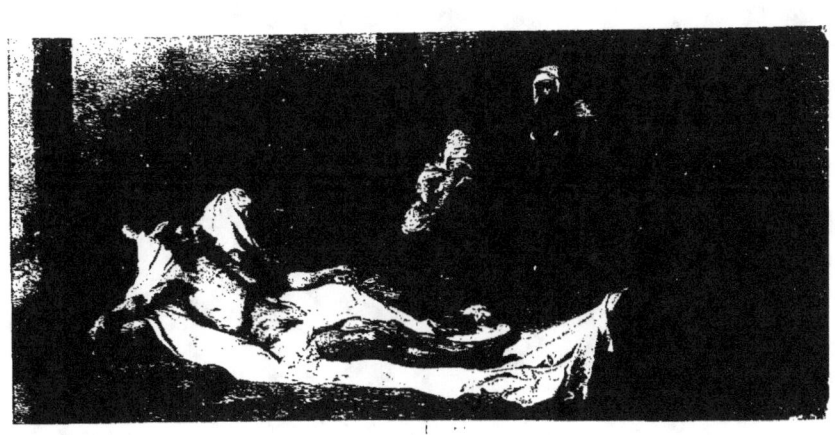

LA MÈRE DE MOÏSE

Dessin. — H. 0,09. — L. 0,12.

« Elle prit une corbeille de jonc, et l'ayant enduite de bitume et de poix, elle y plaça l'enfant et l'exposa parmi les roseaux de la rive du fleuve. »

Exode, ch. II. v. 3.

Ce dessin au fusain, appartient aux fils de Paul Delaroche.

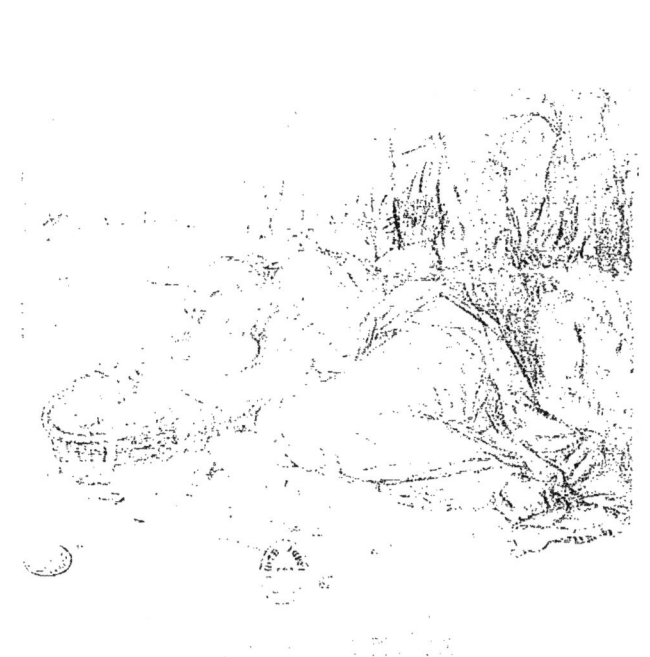

MOÏSE EXPOSÉ SUR LE NIL

Toile. — H. 1,47. — L. 1,00. — Fig. gr. nat.

Une femme de la tribu de Lévi enfanta un fils : et voyant qu'il était beau, elle le cacha trois mois.

Mais ne pouvant le cacher plus longtemps, elle prit une corbeille de jonc, et l'ayant enduite de bitume et de poix elle y plaça l'enfant, et l'exposa parmi les roseaux de la rive du fleuve;

La sœur de l'enfant se tenant au loin, et considérant ce qui allait arriver.

Exode, Ch. II, v. 2, 3 et 4.

Paul Delaroche avait commencé à Paris, en 1840, une première ébauche; il la reprit en 1848, mais voulant alors faire des changements importants à cette composition, il prit une toile neuve et recommença son tableau qu'il termina en 1853. Paul Delaroche avait fait pour cette composition deux esquisses peintes très arrêtées et qu'il termina depuis. L'une (Toile. — H. 0,11. — L. 0,16.), fut donnée par lui à M. A. Goupil. L'autre, exécutée avec quelques modifications. Toile. — H. 0,13. — L. 0,09. Appartient à M. d'Eichtal.

M. A. Goupil possède en outre un fragment important de la première ébauche. Toile. — H. 0,77. — L. 0,01. Ainsi qu'un dessin à la mine de plomb, première pensée du tableau.

Paul Delaroche fit plusieurs études pour les roseaux : L'une, peinte. Toile. — H. 0,26. — L. 0,20. L'autre, dessin à la mine de plomb.

Le tableau appartient à Mme la baronne J. de Rotschild.

Gravé au burin par Henriquel-Dupont. — H. 0,30. — L. 0,20.

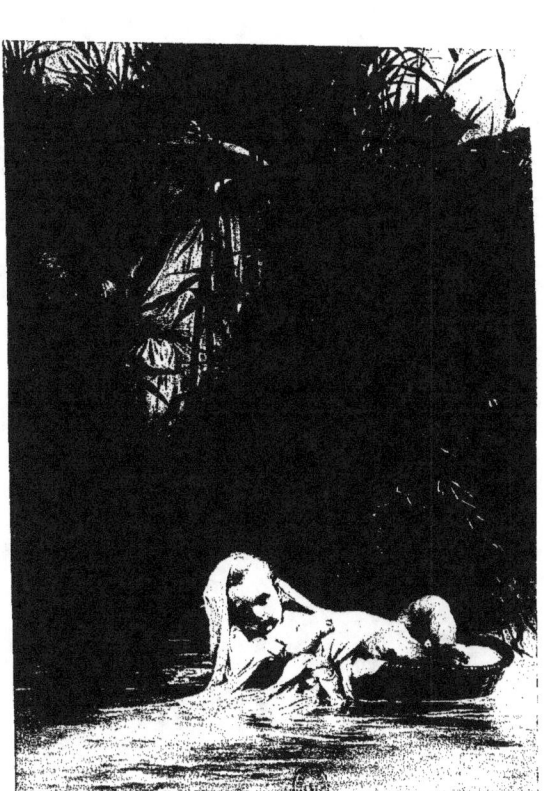

PORTRAIT DU PRINCE ADAM CZARTORYSKI

Toile. — H. 1,22. — L. 0,77. — Buste à mi-corps, gr. nat.

Peint en 1853.

Appartient au prince Alexandre Czartoryski.

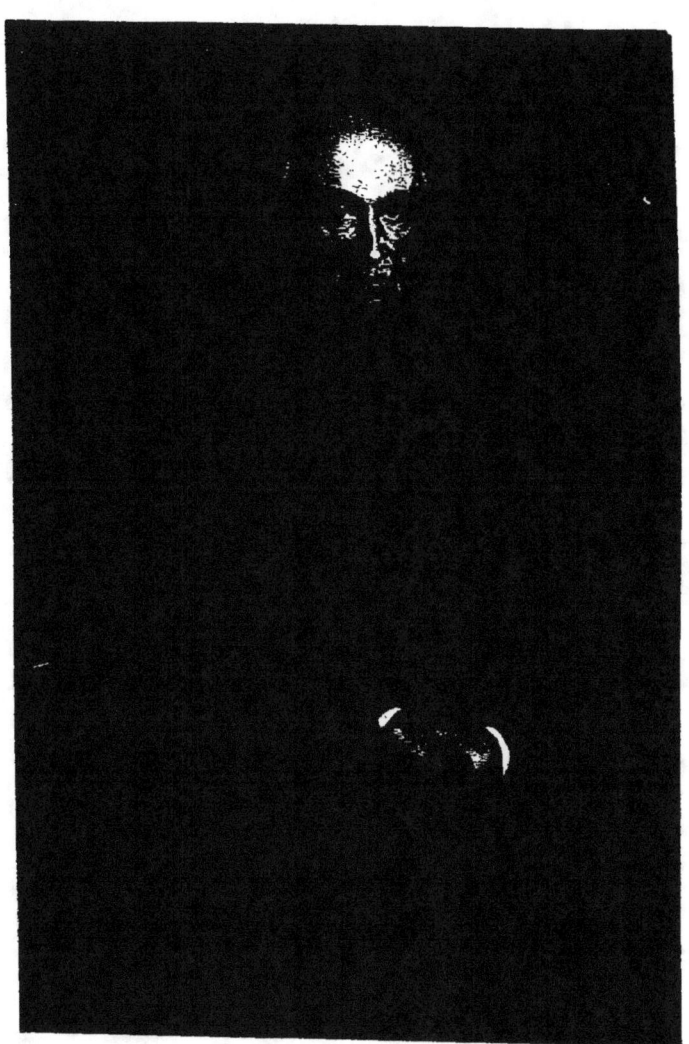

LE CHRIST PORTANT SA CROIX

Dessin au fusain. — H. 0,15. — L. 0,12.

« Et Jésus, chargé de la croix qui était pour lui, alla au lieu appelé Calvaire,
« qui se nomme en hébreu Golgotha. »

Évangile selon S. Jean, ch. XIX, v. 17.

Ce dessin au fusain, non signé, sans date, a été fait à Nice en 1853, et vendu 1,100 francs en juin 1857, à la
vente après décès de Paul Delaroche.

Appartient aux fils de Paul Delaroche.

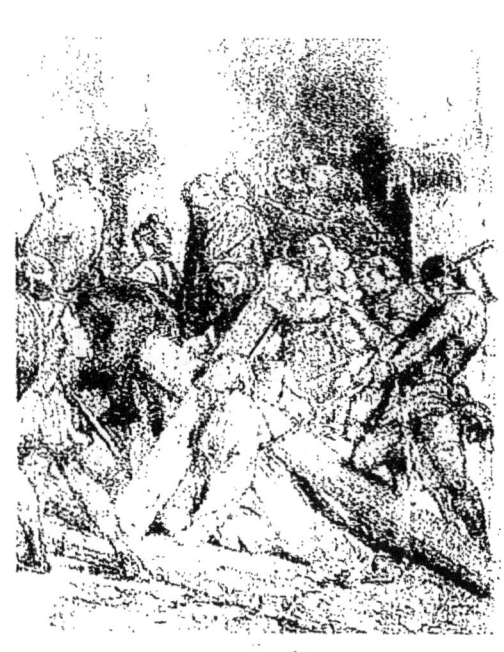

MME ÉLISABETH SÉPARÉE DE LA FAMILLE ROYALE

Dessin. — H. 0,14. — L. 0,10.

Mme Élisabeth, sœur de Louis XVI, avait partagé les dangers de la famille royale sa captivité au Temple. Séparée du roi pendant son procès et destinée à la déportation, e était restée seule avec Madame, fille du roi; on leur avait enlevé le Dauphin dès le ois de juillet 1793.

Cette captivité, chaque jour plus rigoureuse, durait depuis vingt mois, lorsque 9 mai 1794, on vint arracher Mme Élisabeth des bras de Madame, pour la conduire la Conciergerie.

Dessin à la mine de plomb, non signé, sans date, fait à Nice en 1854.

Appartient à M. Horace Delaroche.

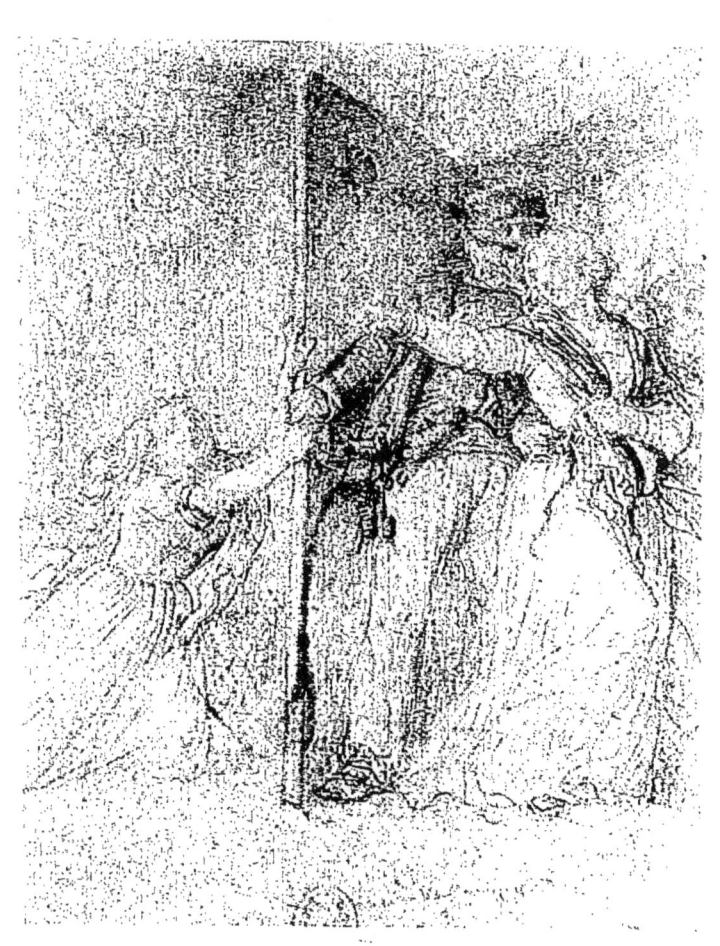

DERNIÈRE COMMUNION DE MARIE STUART

Dessin. — H. 0,16. — L. 0,16.

Se regardant comme une victime de sa foi religieuse, elle ressentit la joie pure martyre, en prit la douce sérénité, et en conserva· jusqu'au bout le tranquille rage..... Elle choisit un de ses mouchoirs à frange d'or pour servir à lui bander yeux sur l'échafaud, et s'habilla avec une sévère magnificence. Ayant assemblé ses viteurs, elle leur fit lire son testament..... Elle leur avait déjà distribué, la veille soir, ses bagues, ses joyaux, ses meubles, ses vêtements..... Elle mêlait, avec une ice accomplie et avec une bonté touchante, ses consolations et ses dons, et les tifiait contre l'accablement où les jetterait bientôt sa mort.....

Après ces derniers soins accordés aux souvenirs terrestres, elle se rendit dans oratoire, où était dressé un autel sur lequel son aumônier, avant qu'on l'eût aré d'elle, lui disait secrètement la messe.

Elle s'agenouilla devant cet autel et lut avec une grande ferveur les prières des onisants.

MIGNET, *Histoire de Marie Stuart*.

Paul Delaroche voulait faire un grand tableau de cette composition, elle était déjà tracée au fusain sur la toile, selon son habitude, il avait préalablement peint une petite esquisse à laquelle il avait, sur la demande qu'on lui il faite, apporté beaucoup de soin. — Ce petit tableau, vendu à un amateur, fut acheté plus tard par M. Stevens vente publique, moyennant 9,000 francs.

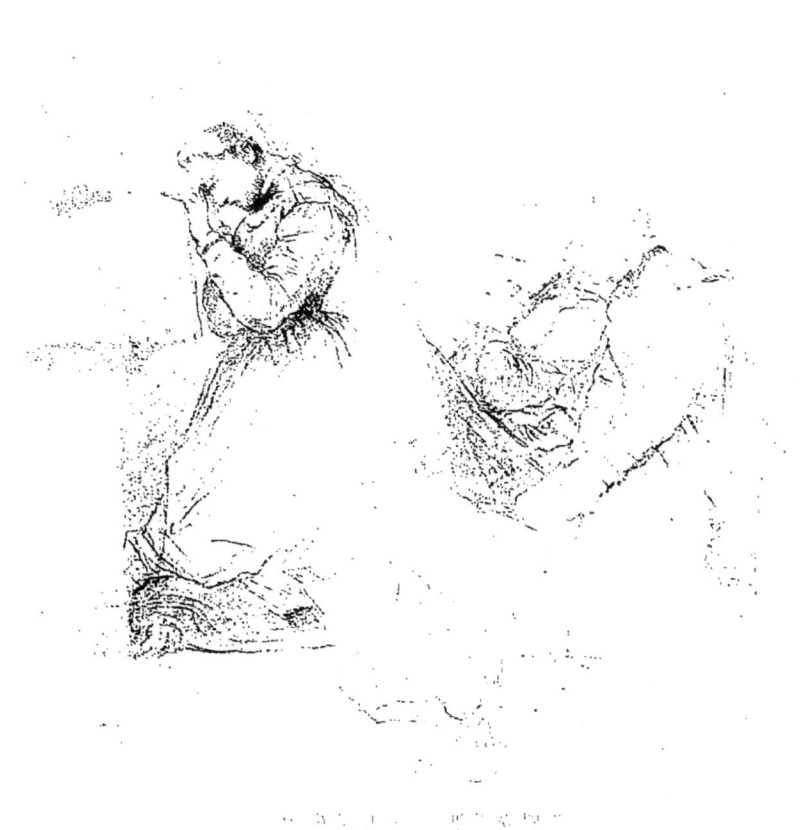

JEUNE MÈRE ITALIENNE

Bois. — H. 0,17. — L. 0,10. — Fig. à mi-corps.

Peint à Ems, en 1854.

Ce petit tableau fut acquis par M. A. Goupil au prix de 4,000 francs, et cédé par lui à M. Van Gogh de
aye pour 4,500 francs. Il fit ensuite partie de la galerie de M. Knowles de Rotterdam qui l'avait acheté 6,000 francs.
urd'hui il appartient à M. Émile Péreire, qui l'a payé 9,000 francs.

N'a pas été gravé.

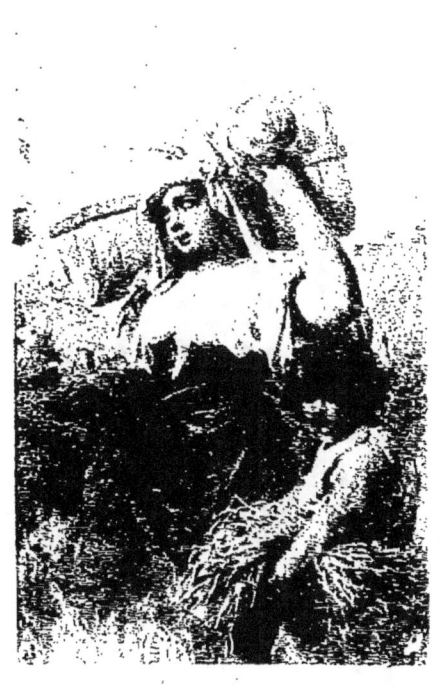

LE CHRIST AU JARDIN DES OLIVIERS

Toile. — H. 1,73. — L. 1,23. — Fig. gr. nat.

Il commença à être triste et affligé.

Et s'étant avancé, Jésus se prosterna le visage contre terre, priant et disant : Mon
ère, que ce calice passe loin de moi, s'il est possible; qu'il en soit néanmoins, non
omme je le veux, mais comme vous le voulez.

Évangile selon S. Matthieu, ch. XIV, v. 38, 39.

Peint en 1855.

Ce tableau appartient à M. Norzy.

Gravé au burin par Jules François. — H. 0,435. — L. 0,30.

UNE MARTYRE AU TEMPS DE DIOCLÉTIEN

Toile. — H. 1,68. — L. 1,45. — Fig. gr. nat.

« Une jeune Romaine n'ayant pas voulu sacrifier aux faux dieux, est condamnée
« à mort et précipitée dans le Tibre, les mains liées ; le soleil est couché derrière
« les rives sombres et nues du fleuve ; deux chrétiens aperçoivent le cadavre de la jeune
« martyre, qui passe devant eux, emporté par les flots. »

Peint en 1855.

Une esquisse, peinte en 1853, première pensée de cette composition. Toile. — H. 0,33. — L. 0,25 a été payée
2,400 francs, à la vente après décès de Paul Delaroche, en juin 1857.

Un dessin à la mine de plomb, première pensée du tableau. — H. 0,10. — L. 0,09. Appartient aux fils de Paul Delaroche.

Le tableau, payé 36,000 francs, à la vente après décès de Paul Delaroche, en juin 1857, appartient à
M. d'Eichtal.

Gravure en cours d'exécution.

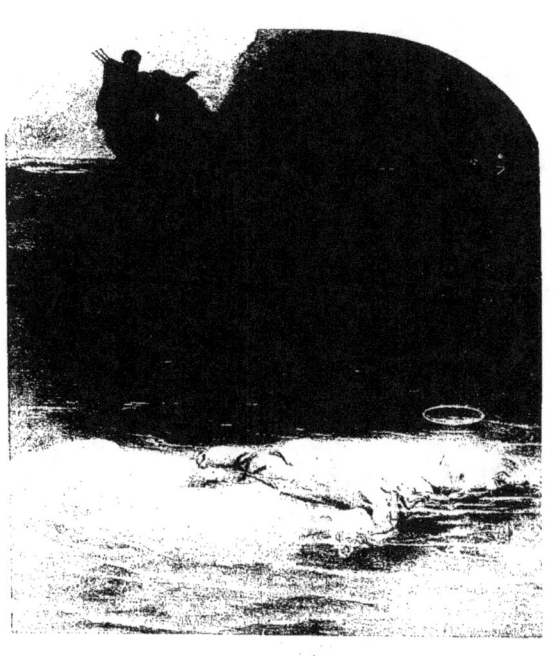

PORTRAIT DE M. ÉMILE PÉREIRE

Toile. — H. 1,76. — L. 1,22. — Buste à mi-corps gr. nat.

Peint en 1855.

Appartient à M. Émile Péreire.

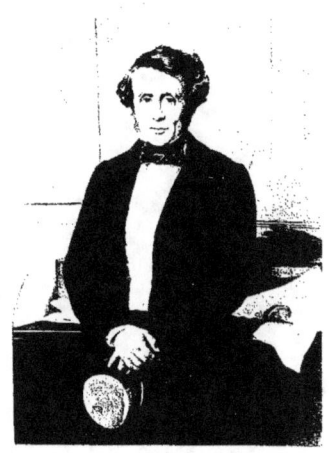

LA CENCI MARCHANT AU SUPPLICE

Toile. — H. 1,37. — L. 1,71. — Fig. à mi-corps. Gr. nat.

Francesco Cenci, Romain célèbre par ses crimes et ses richesses, avait été tué par les ordres de sa fille et de sa femme, le 15 septembre 1598.

Beatrice Cenci et Lucrezia Petroni sa belle-mère, condamnées à mort pour crime de parricide, furent exécutées le 11 septembre 1599.

« Les chants des psaumes commencèrent, et la procession s'achemina lentement.....

« Les condamnées avaient toutes les deux la tête couverte d'un voile qui tombait « jusqu'à la ceinture, leurs bras étaient liés, mais dans leurs mains restées libres, « elles tenaient un crucifix qu'elles portaient fréquemment à leurs lèvres.

« Beatrice montrait un grand courage et des larmes coulaient de tous les yeux, « en lui voyant tant de grâce et de jeunesse. »

Extrait de la relation du Vatican. « La funesta morte di Beatrice Cenci e di Lucrezia Petroni. »

Ce tableau, terminé en 1855, appartient à M. Verlé de Reims.

Voir Pl. 59, la première pensée de cette composition.

Gravé à la manière noire par Édouard Girardet. — H. 0,30. — L. 0,37.

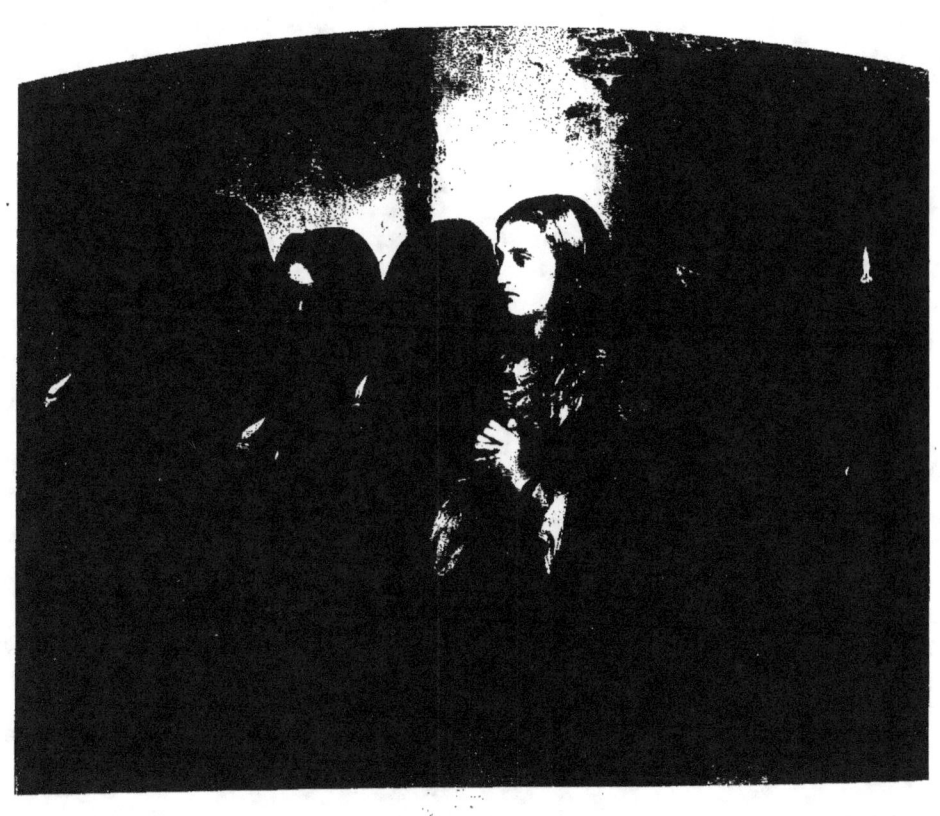

LE CHRIST, ESPOIR ET SOUTIEN DES AFFLIGÉS

Bois. — H. 0,205. — L. 0,16. — Fig. de 0,11.

« Je suis le Seigneur ton Dieu, qui te prend par la main et qui te dit : Ne crains
« rien, je te protége. »

Isaïe, ch. 41. v. 13.

Paul Delaroche avait fait à Eisenach, en 1849, un dessin de cette composition, qu'il offrit à Mme la duchesse d'Orléans. Il en conserva un calque, et plus tard, en 1851, en fit une esquisse peinte. Il avait commencé à tracer cette composition au fusain, sur toile, fig. gr. nat., quand la mort est venue le surprendre.

L'esquisse peinte, l'une des dernières que Paul Delaroche ait faites, a été payée 7,400 francs en juin 1857. Elle appartient à M. Belmont.

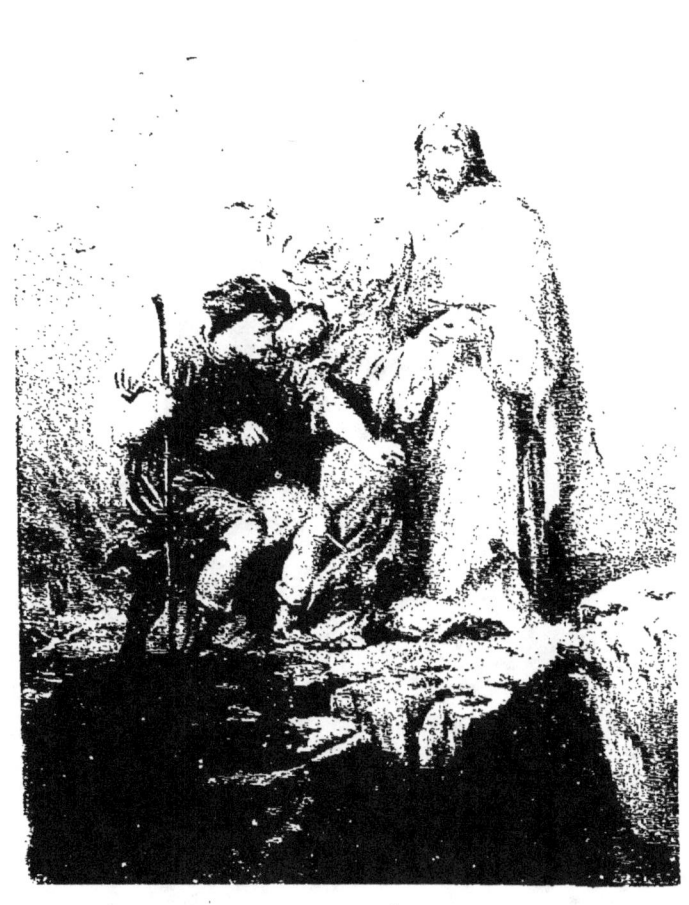

LES GIRONDINS

Toile. — H. 0,54. — L. 0,97. — Fig. de 0,28.

La scène représentée par Paul Delaroche, est l'appel des Girondins fait à la Conciergerie le 10 brumaire an II (31 octobre 1793), vers midi, au moment où ils vont être conduits à l'échafaud.

Vingt et un députés du parti de la Gironde figurent dans cette composition. Ce sont : Brissot, Gensonné, Vergniaux, Lasource, Lehardy, l'abbé Fauchet, Boyer-Fonfrède, Sillery, Gardien, Boileau, Viger, Ducos, Duchatel, Carra, Minvielle, Duprat, Lacaze, Antiboul, Beauvais, et Duperret; puis Valazé, dont on aperçoit dans l'ombre le cadavre que l'on transporte pour le conduire au lieu du supplice.

Au-dessus du geôlier faisant l'appel, on voit le buste de Marat.

Paul Delaroche fit à Vichy, en 1838, un dessin de cette composition; il fut acheté par Mᵐᵉ la duchesse d'Orléans pour l'album offert par la famille royale à Mᵐᵉ la princesse de Joinville lors de son mariage.

Avant de se dessaisir de ce dessin, Paul Delaroche fit l'ébauche de son tableau. Il venait de la reprendre lorsque la révolution de 1848 éclata. — Il suspendit alors l'exécution de cette toile pendant plusieurs années, et ne la termina qu'en 1856.

Ce tableau appartient à M. Benoît Fould.

Gravé à l'aqua-tinta par Edouard Girardet. — H. 0,54 — L. 0,97.

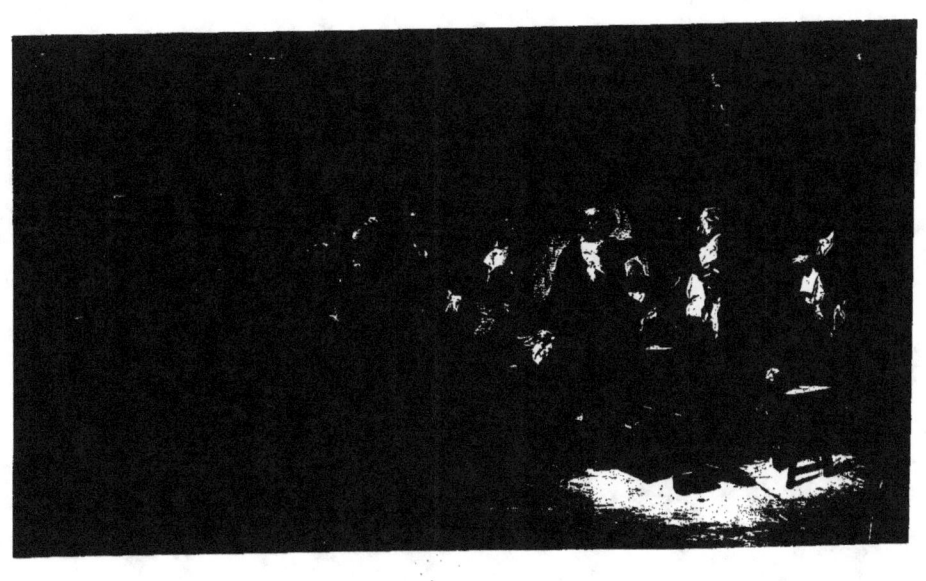

Mme ÉLISABETH CONDUITE AU SUPPLICE

Toile. — H. 0,60. — L. 1,00. — Pet. fig.

Accablée d'injures, traînée dans un fiacre, Mme Élisabeth est conduite à la Conciergerie le 9 mai 1794, et le lendemain jugée, condamnée et exécutée.

En marchant au supplice, elle ne cessa d'exhorter à la résignation et au repentir les autres victimes qui devaient périr aussi. Les femmes qui se trouvaient avec elle, et dont on la força de voir le supplice, la saluèrent avec respect en passant devant elle.

Cette composition, tracée au fusain sur toile, en 1856, a été payée 850 francs par M. Adolphe Moreau à la vente après décès de Paul Delaroche, en juin 1857.

Un dessin à la mine de plomb, première pensée du tableau. — H. 0,10. — L. 0,10. Appartient à M. Horace Delaroche.

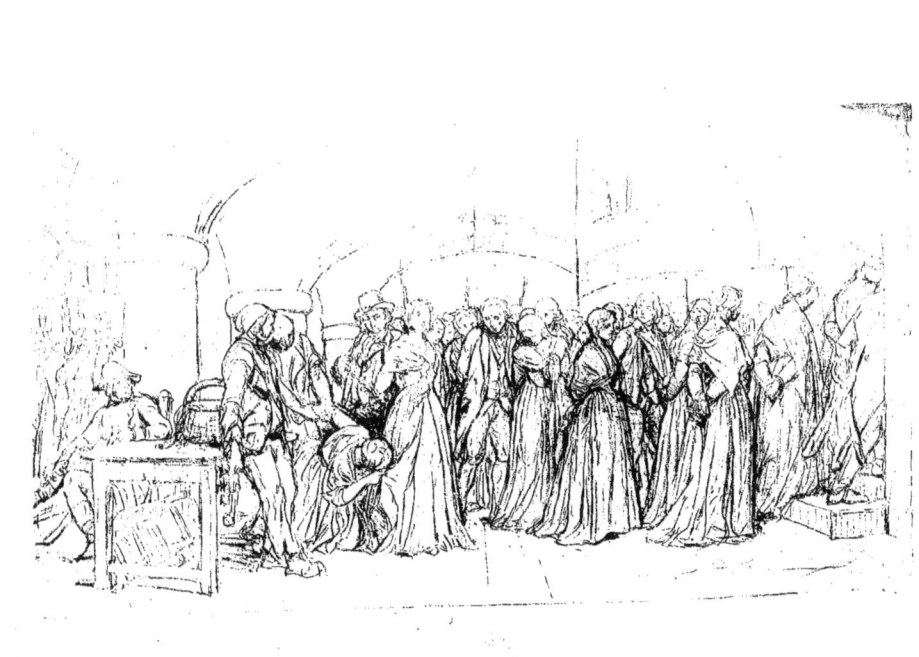

PORTRAIT DE M. THIERS

Toile. — H. 1,15. — L. 0,78. — Buste à mi-corps. Gr. nat.

Peint en 1856, ce portrait est le dernier signé par Paul Delaroche, qui, déjà en 1845, avait fait, aux deux crayons, un petit portrait de M. Thiers.

Appartient à M. Thiers.

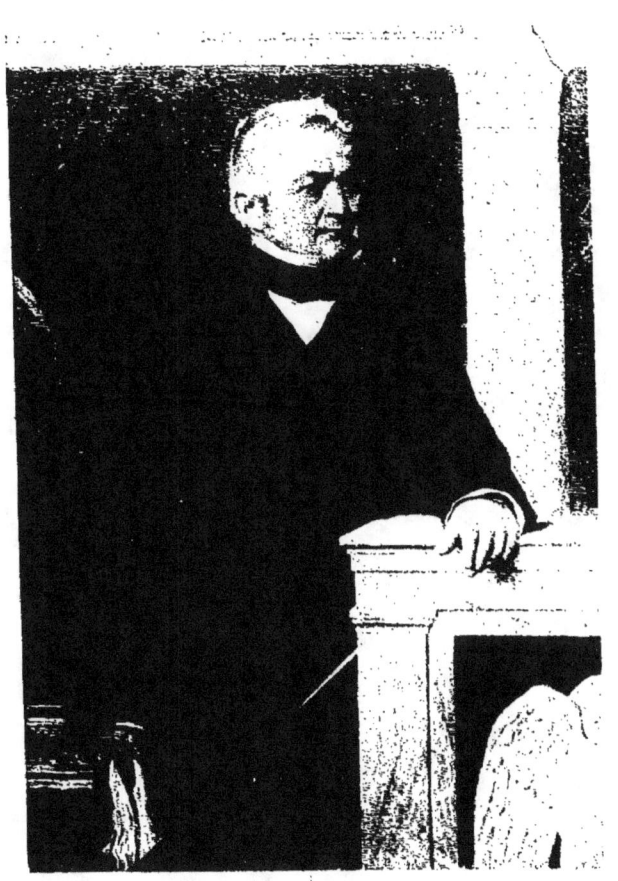

MARIE-ANTOINETTE A LA CONCIERGERIE

Dessin. — H. 0,10. — L. 0,135.

« L'habitation de la reine à la Conciergerie était une chambre au rez-de-chaussée,
« basse, étroite et humide; elle y respirait l'odeur infecte qui s'exhalait du voisinage.
« L'humidité avait séparé de la toile le papier dont le mur avait été couvert; il n'en
« restait plus que des lambeaux. Des sangles renouées en plusieurs endroits avec des
« cordes, une paillasse à demi pourrie, un matelas déchiré, une couverture aussi usée
« que malpropre, composaient le lit de la reine de France. Un mauvais paravent
« lui tenait lieu de rideaux. C'est là que Sa Majesté passait la nuit à essayer de reposer
« sa tête des douloureuses méditations de la journée. »

FRANÇOIS HUE. *Dernières années du règne et de la vie de Louis XVI.*

Ce dessin, à la mine de plomb, appartient à M™ la comtesse Potocka.

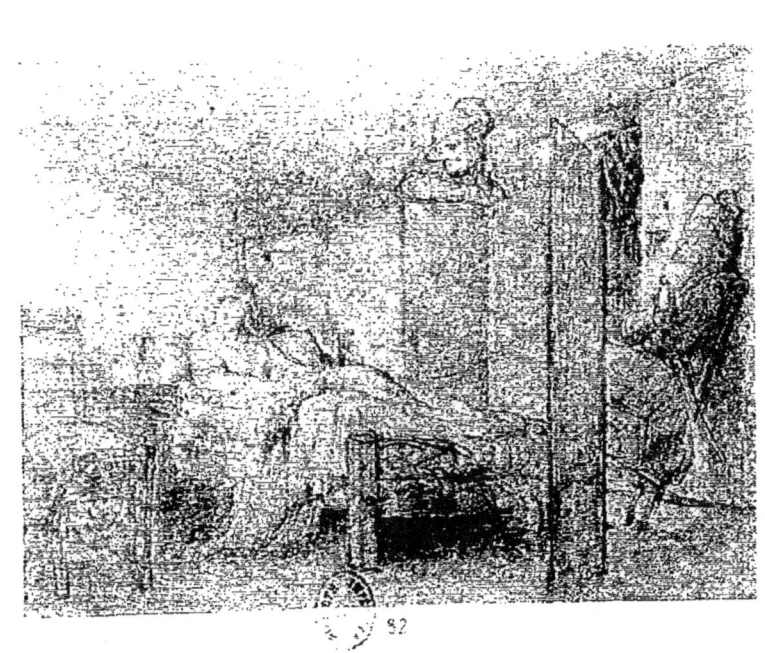

82

MARIE ANTOINETTE À LA CONCIERGERIE

LA VIERGE CHEZ LES SAINTES FEMMES

Toile. — H. 0,26. — L. 0,51. — Fig. de 0,17.

« La Vierge tombant à genoux, envoie tout son cœur au-devant de son Fils, qui
« passe sous les fenêtres et que l'on conduit au Calvaire. On aperçoit le bout des
« piques et des enseignes des soldats romains. Madeleine est évanouie au bas de la
« fenêtre. Saint Jean, le disciple bien-aimé, veut s'élancer, courir, embrasser son
« maître. Saint Pierre le retient. Dans le fond, les disciples se pressent pour regarder,
« par une sorte de meurtrière, passer le cortége. »

Paul Delaroche avait commencé ce tableau en 1853. Dans les derniers mois de sa vie, il écrivait ceci : « J'ai
repris l'ébauche de mon Vendredi-Saint... j'ai fait des changements sans fin... » Dans une autre lettre, il disait :
« Quand je pense à ce qui a dû se passer dans cette chambre, au moment où le bruit du cortége de Notre-Seigneur
s'est fait entendre, la tête me tourne, et je suis prêt à crever ma toile. »

Ce tableau payé 41,000 francs (vente après décès de Paul Delaroche en juin 1857), appartient à M. d'Eichtal.

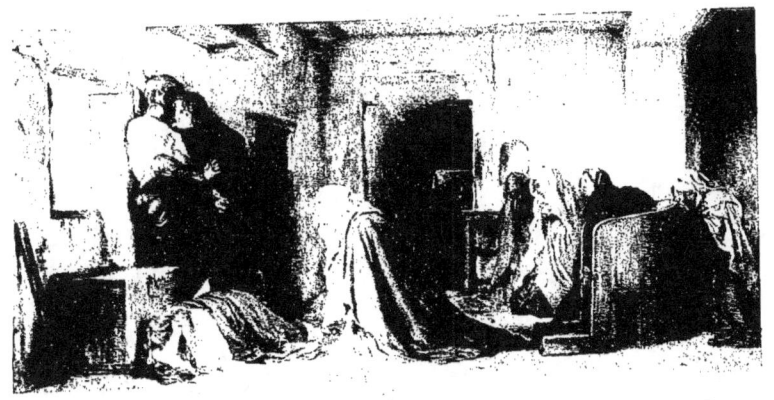

LA VIERGE EN CONTEMPLATION

DEVANT LA COURONNE D'ÉPINES

Toile. — H. 0,26. — L. 0,51. Fig. de 0,17.

La Vierge debout dans l'humble chambre où les disciples et les saintes femmes se sont réfugiés après avoir quitté le Calvaire, contemple la couronne d'épines. Saint Jean et Madeleine sont dans l'ombre, pleurant et se lamentant.

Paul Delaroche, au moment où la mort vint l'arracher au travail, terminait ce tableau, le quatrième de la série de compositions où il avait voulu représenter le poëme de la Vierge.

Ce tableau appartient aux fils de Paul Delaroche.

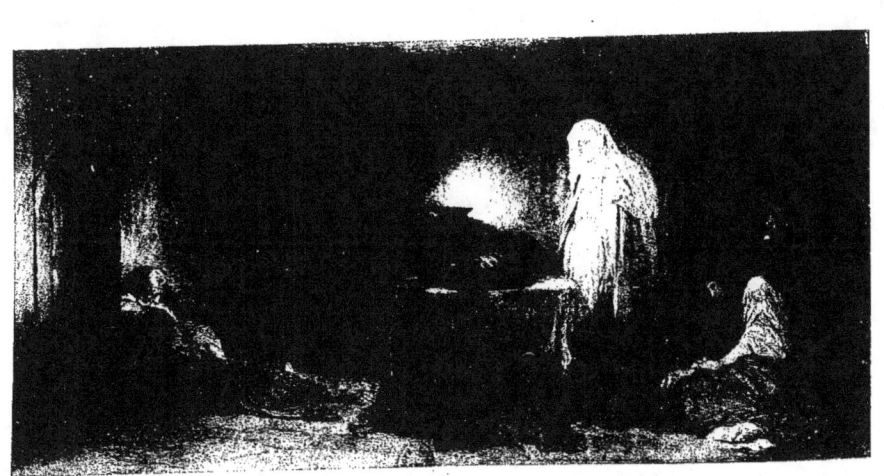

LE RETOUR DU GOLGOTHA

Toile. — H. 0,26. — L. 0,51. — Fig. de 0.17.

« La Vierge rentre dans sa demeure, soutenue par saint Jean et Madeleine. Saint
« Pierre suit à quelques pas, portant la couronne d'épines. On aperçoit derrière lui les
« saintes femmes et les disciples. »

Ce tableau était presque terminé en septembre 1856, mais Paul Delaroche ne l'avait pas encore signé, ne le
jugeant pas fini.

Apparteint aux fils de Paul Delaroche.

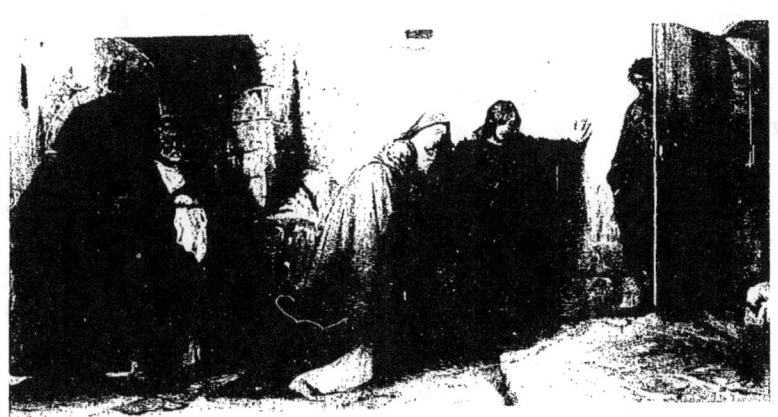

LA VIERGE ET L'ENFANT JÉSUS

Dessin. — H. 0,17. — L. 0,17.

Ce dessin, à la mine de plomb, appartient aux fils de Paul Delaroche.

Cette composition est la dernière de Paul Delaroche. — Il voulait en faire un tableau : grandeur nature ; et déjà souffrant de la maladie à laquelle il devait succomber, il avait fait un dessin au fusain, — H. 1,30. — L. 1,32, qui a été vendu 400 francs en juin 1857, à la vente après décès de Paul Delaroche.

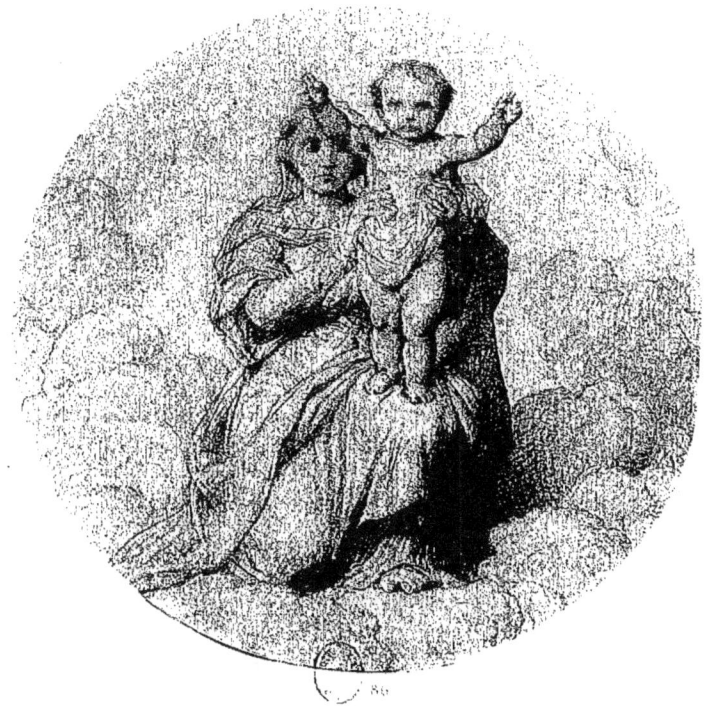

LA VIERGE ET L'ENFANT JÉSUS

TABLE

ÉLÈVES

DE

PAUL DELAROCHE

LBITÈS (Titus).
LOIS.
LOPHE.
AMIEL.
ANASTASI (Auguste).
ANDREWS.
ANGELIN.
ANTIGNA (Jean-Pierre-Alexandre).
ARAGO (Alfred).
ARMITAGE (E.).
ARTHUR.
ASTIÉ.
AUBERT (Jean-Ernest).

BACOT (Edmond).
BALLET.
BALTHASAR (Casimir-Victor-Alexandre Comte de)
BARATHIER.
BLANC (Charles).
BLANC (Célestin).
BODREAU.
BOILEAU.
BOISCHEVALIER (Félix de).
BOISSEAU.
BONHOMMÉ (François).
BONNARDEL.
BONNEFIN.
BOSNIER.
BOUET (Georges-Adelmard).
BOULANGER (Gustave-Rodolphe).
BOURBON LEBLANC (Louis-Gabriel).
BOURET.
BOURGOUIN (Adolphe).
BOUTERWECK (Frédéric-Auguste).
BOUTRAIS.
BRERETIN.
BRESSON.
BRETON.
BROCKMANN.
BROCKY.
BROSSARD (André-Guillaume-Étienne)
BRUNEL (Léon).
BURGET.

BARD (Jean-Auguste).
BARRE (Albert).
BASTIDE.
BAUD.
BAUMES (Louis-Marie-Amédée).
BEAUBŒUF (Auguste).
BECCARD.
BELIN.
BENDIX.
BENDUSKI.
BÉRANGER.
BÉRANGER (Jean-Baptiste-Antoine-Émile.)
BERNARD.
BESSON.
BEZU.
BEYER.
BIGNON.
BILLARDET (Léon-Marie-Joseph).
BIRON.
BITON.
BUTAVAND (Lucien).
BUTTURA (Eugène).

CARASSON.
CALONNE.
CAMBON (Armand-Henri-Joseph.)
CARDON (Alexandre-Aimé.)
CARILTAN.
CARLIN.
CAROUGET.
CASSAGNE.
CATTERMOLE.
CAVELIER (Pierre-Jules).
CAYREL.
CHAPU.
CHARLES.
CHENEY.
CHEVREUX.
CINIER.
CLÉMENT.
COLLET.
COOK.
COULON.

COUTURE (Thomas).
CRÉMONT.
CRONEAU (Alphonse).
CROWE.
CUPPER.

DAEMS (François).
DAMERY.
DARTIGUENAVE aîné.
DARTIGUENAVE jeune.
DASSIER.
DAUBIGNY (Charles-François).
DAVIDSON.
DELANESSE.
DELAVERGNE.
DELIGNE (Adolphe).
DENIZARD (Charles).
DENUELLE (Alexandre-Dominique).
DEROY.
DESUILLY.
DETOUCHE (Laurent).
DEVEDEUX (Louis).
DEVILLENEUVE.
DEVILLY (Théodore).
DEVINOLS.
DICKINSON.
DORÉ.
DOUTRELEAU (Valentin).
DUBIEN.
DUBOSCO.
DUBUFE (Édouard).
DUFRESNE.
DUMESNIL.
DUPONT.
DUPUIS-COLSON (Hippolyte-Isidore).
DURAND.
DUTIERS.
DUVAL.
DUVAL-LECAMUS (Jules-Alexandre).

ÉNAFF.
ÉLIOT.
ÉLORY.
ESBER.

FABRITZIUS.
FAURON.
FAVAS (Daniel).
FÉLIX.
FERRAND (Jules-Georges).
FERRIÈRES.
FEYEN (Auguste).
FICHEL (Eugène).
FIORINI.
FLAGHAC.
FLAMET.
FORNEROD.
FOULOGUE (Charles-Alfred).
FOZENBAS.
FRAPPAZ (Jules-Marc).
FRÈRE (Pierre-Édouard).

GALLAND.
GANDAIS.
GARRANDÉ.
GARRAUD.
GASTINE (Camille-Auguste).
GENDRON (Auguste).
GERALD.
GÉROME (Jean-Léon).
GIBOIS.
GIDE (Théophile).
GILUEIN.
GINOUX.
GOBERT.
GOBELIN.
GODDÉ (Jules).
GOGUÉ.
GOMIEN (Charles).
GOSSET (Adolphe-François).
GOULARD.
GUÉRARD.
GUÉRIN.
GUERINER.
GUEROLLET.
GUILBERT-D'ANELLE (Charles-Michel).
GRISÉE.
GROHEN.

HADAMARD (Auguste).
HAMON (Jean-Louis).
HARPIGNON (Simon-Joseph?)
HAUSSOULLIER (William)
HÉBERT (Antoine-Auguste-Ernest).
HÉDOUIN (Edmond).
HELBIG.
HENRAULT (Louis).
HOFFMANN.
HOGUET.
HOPKINS.
HUOT.

IRON.
ISABEREY (Auguste?).

JACOBI (Jean-Henri).
JACQUELINE.
JALABERT (Charles-François).
JALABERT (C.).
JANDELLE (Ernest).
JERUNS.
JOSSE-DUVAL (Léon).
JOHN.
JOLAN (Élisée?).
JOUARD.
JUBELEAU ...

KREYL ...
KNEBEL.
KOEMAN ...
KUGLER.

LEGROSNIER.
LEGRAS.
LEGRIS.
LEFENDECKER.
LEFEVRE (Émile).
LEFEVRE (Henry).
LEMAITRE.
LEMOINE.
LEROISEAU.
LANGLLI.
LEBAY aîné (Toussaint-Louis).
LEBAY jeune.
LESUEUR (Henri).
LESUE.
LIPOTERS (Joseph-Antoine).
HENAUT.

NICOD.

OLLIVIER.
ONSLOW.

PAGNON.
PARIS.
PAUL (William).
PECHE.
PEPIN.
PELLZ.
PERNOT.
PERRIER.
PERRIN.
PETIT.
POTTEVILLE.
PHILIP.

SARGES (C. M.).
SCHARP.
SÉGUR (M.).
SHUBRAC (Henri).
SIMÉON-FORT.
SIVEL.
SKODA.
SPERG.
SPION.
STAAL.
STEINHAUS.
STEECK.
STOCK.

TABAR (Germain-François-Léopold).
TALEG.
TELLEAU, Aîné.
TERRIER.
THOMAS (Henri-Édouard).
THIEBBOLIN (Léon).
TINTHOLIN (Louis).

UZANNE.

WAGNER.
WEBER.
WILLIAMS.
WORMSER.

www.ingramcontent.com/pod-product-compliance
Lightning Source LLC
Chambersburg PA
CBHW071611220526
45469CB00002B/313